»Von
Engels-
flügeln
getragen«

»Von Engels-flügeln getragen«

Himmlische Boten
in Bild und Gedicht

Ausgewählt von
Friederike Wienefeld

RECLAM

Inhalt

Es wird dir kein Übel begegnen, und keine Plage wird zu deiner Hütte sich nahen. Denn er hat seinen Engeln befohlen über dir, dass sie dich behüten auf allen deinen Wegen, dass sie dich auf Händen tragen und du deinen Fuß nicht an einen Stein stoßest.

Psalm 91, 10–12

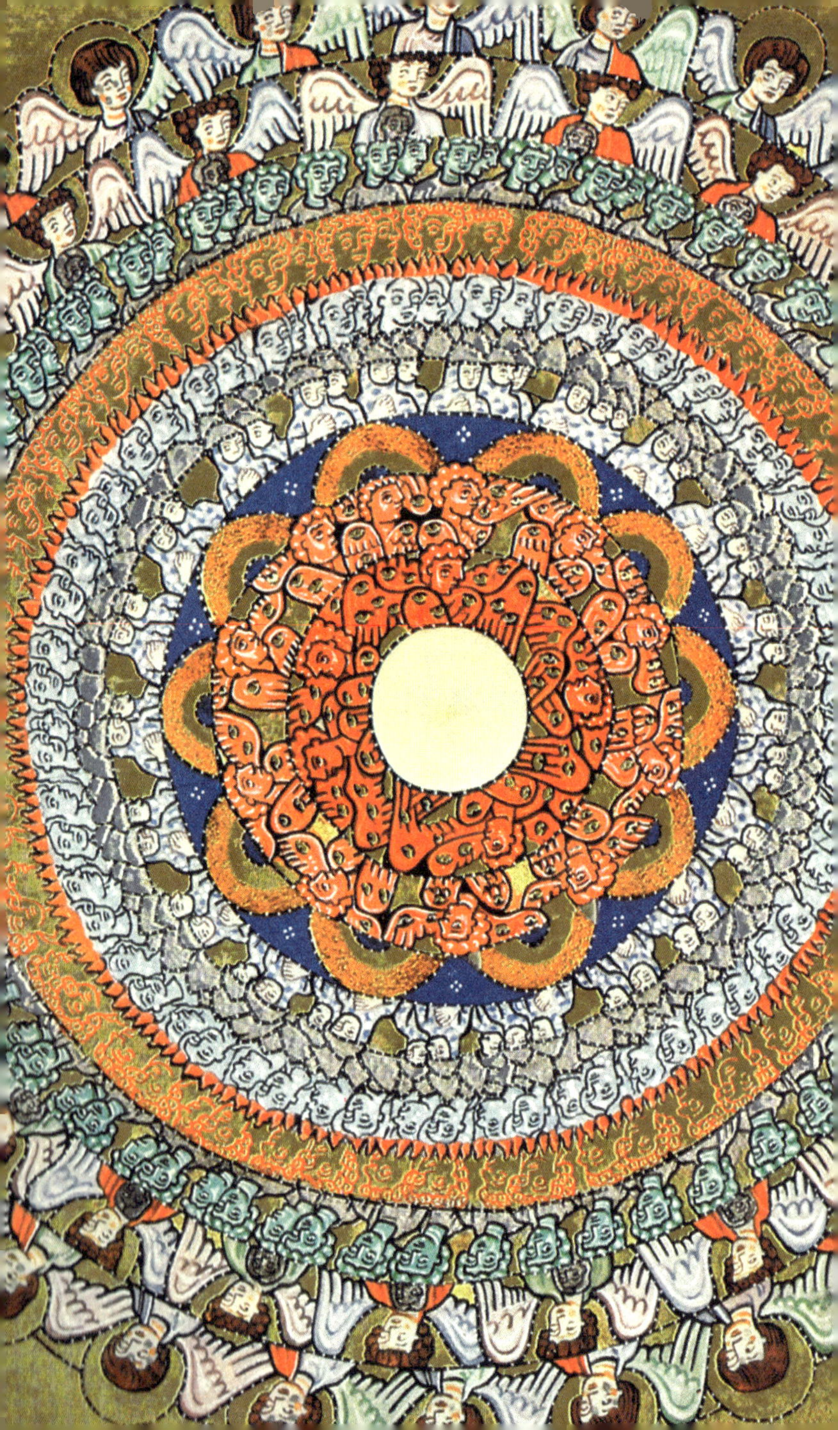

HILDEGARD VON BINGEN

An die Engel

Fürsten der Ehre, lebendiges Licht!
Heilige Engel!
Tiefgeneigt vor der Gottheit,
Lodernd in Sehnsuchtsgluten,
Weil nimmer ihr euch ersättigen könnet
Der heiligen Fülle,
Schaut im Geheimnisdunkel der Kreatur
Ihr die göttlichen Augen.

Welch lichte Wonnen durchjubeln eure Natur,
14 Weil nicht sie berührte die Urtat des Bösen,
Der aufstand in eurem Genossen,
Dem gefallenen Engel,
Als über die innen verborgenen Zinnen
der Gottheit
Den Flug er wagte und – stürzte
Qualvoll hinab in den Abgrund.
Doch seines Falles Werkzeug
Bot er in flüsterndem Rat
Dem Gebilde von Gottes Hand. –

Preis sei euch, heilige Engel,
Hüter der Völker,
Deren Gebilde in eurem Antlitz sich spiegelt,
Erzengel, euch,
Die ihr die Seelen der Heiligen traget empor,
Euch, Kräfte und Mächte und Fürstentümer,
Herrschaften, Throne,
Die zum Geheimnis der Fünfzahl ihr schließet
den heiligen Ring,
Und euch, die Siegel ihr seid der Geheimnisse
Gottes,
Leuchtende Cherubim, flammende Seraphim,
Lobpreis sei euch!
Ihr schauet den Herzschlag des Alten:
Denn wie von Auge zu Auge
Seht wehen ihr,
Aus dem Herzen des Vaters
Die innere Kraft.

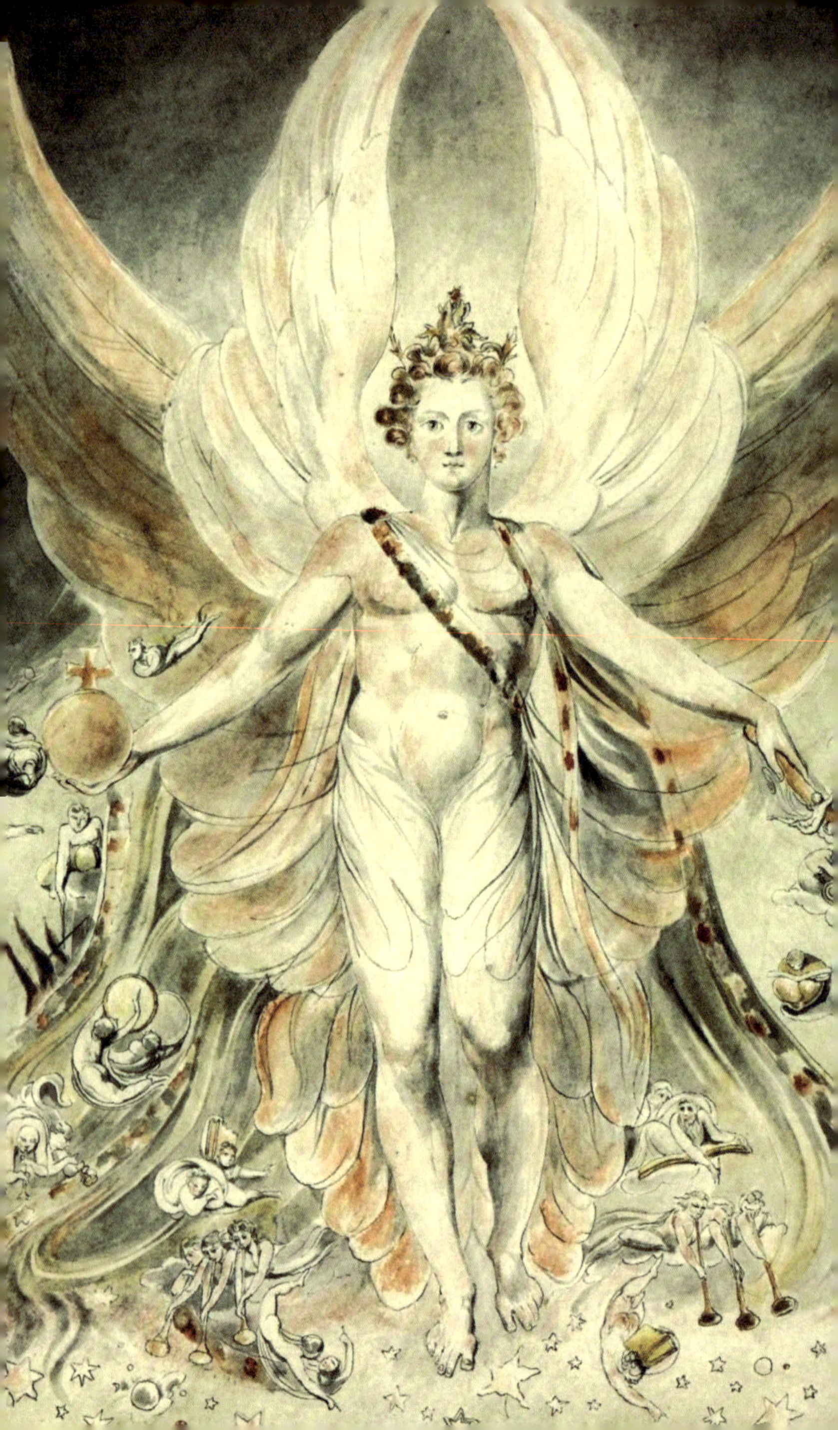

JOHN MILTON

WILLIAM BLAKE: SATAN IN SEINER URSPRÜNGLICHEN HERRLICHKEIT

Sprecht, Engel, die ihr es am besten wisst,
Söhne des Lichtes, denn ihr schauet ihn,
Und mit Gesängen und vereinten Chören
Umkreist ihr jubilierend seinen Thron
Den ewigen Tag; ihr in dem Himmel, stimmt
Mit allen irdischen Geschöpfen ein,
Ihn zu lobpreisen, ihn zuerst, zuletzt,
Ihn in der Mitte, ihn in Ewigkeit.

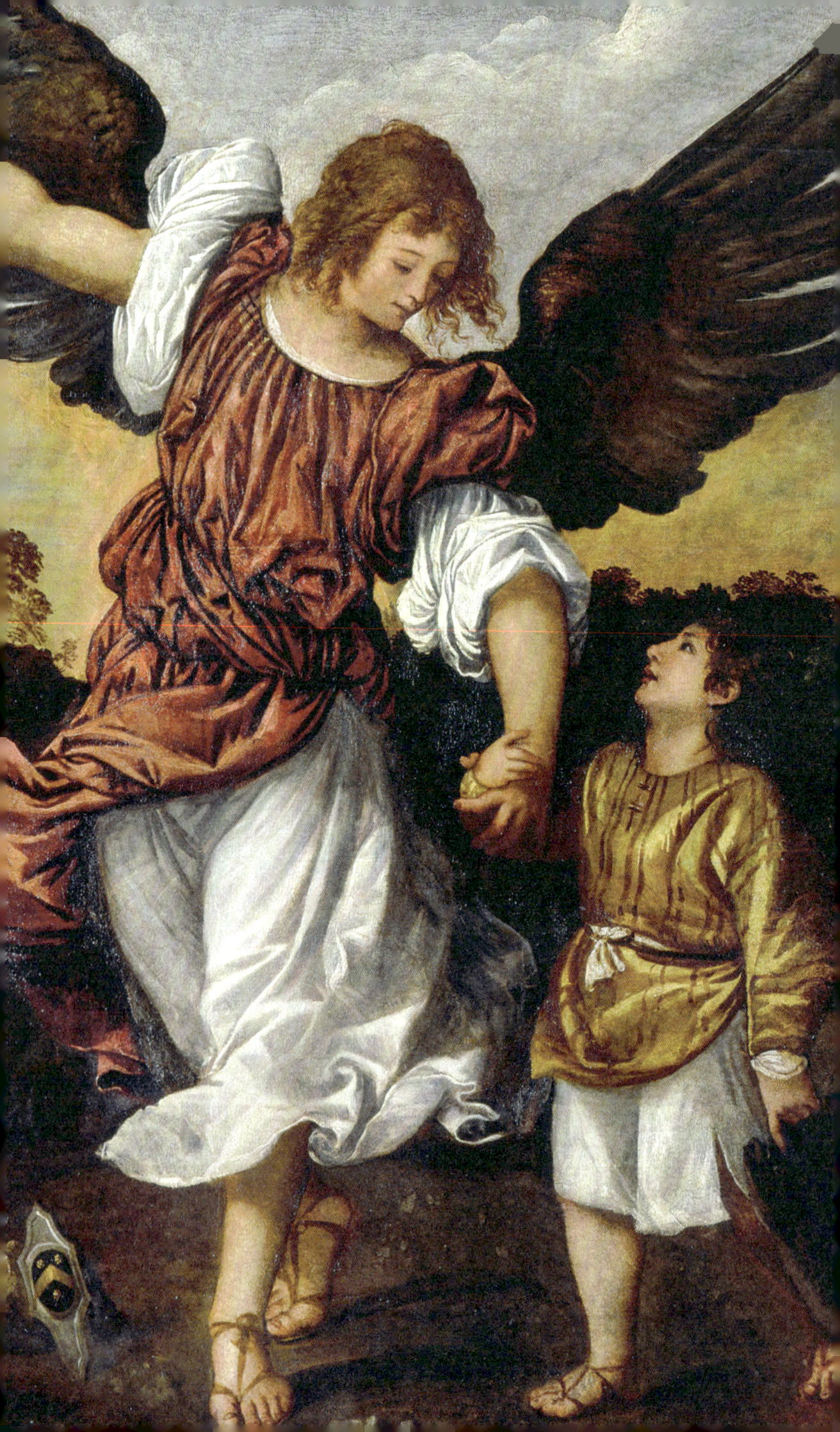

MASCHA KALÉKO

An meinen Schutzengel

Den Namen weiß ich nicht. Doch du bist einer
Der Engel aus dem himmlischen Quartett,
Das einstmals, als ich kleiner war und reiner,
Allnächtlich Wache hielt an meinem Bett.

Wie du auch heißt – seit vielen Jahren schon
Hältst du die Schwingen über mich gebreitet
Und hast, der Toren guter Schutzpatron,
Durch Wasser und durch Feuer mich geleitet.

Du halfst dem Taugenichts, als er zu spät
Das Einmaleins der Lebensschule lernte.
Und meine Saat, mit Bangen ausgesät,
Ging auf und wurde unverhofft zur Ernte.

Seit langem bin ich tief in deiner Schuld.
Verzeih mir noch die eine – letzte – Bitte:
Erstrecke deine himmlische Geduld
Auch auf mein Kind und lenke seine Schritte.

Er ist mein Sohn. Das heißt: er ist gefährdet.
Sei um ihn tags, behüte seinen Schlaf.
Und füg es, daß mein liebes schwarzes Schaf
Sich dann und wann ein wenig weiß gebärdet.

Gib du dem kleinen Träumer das Geleit.
Hilf ihm vor Gott und vor der Welt bestehen.
Und bleibt dir dann noch etwa freie Zeit,
Magst du bei mir auch nach dem Rechten sehen.

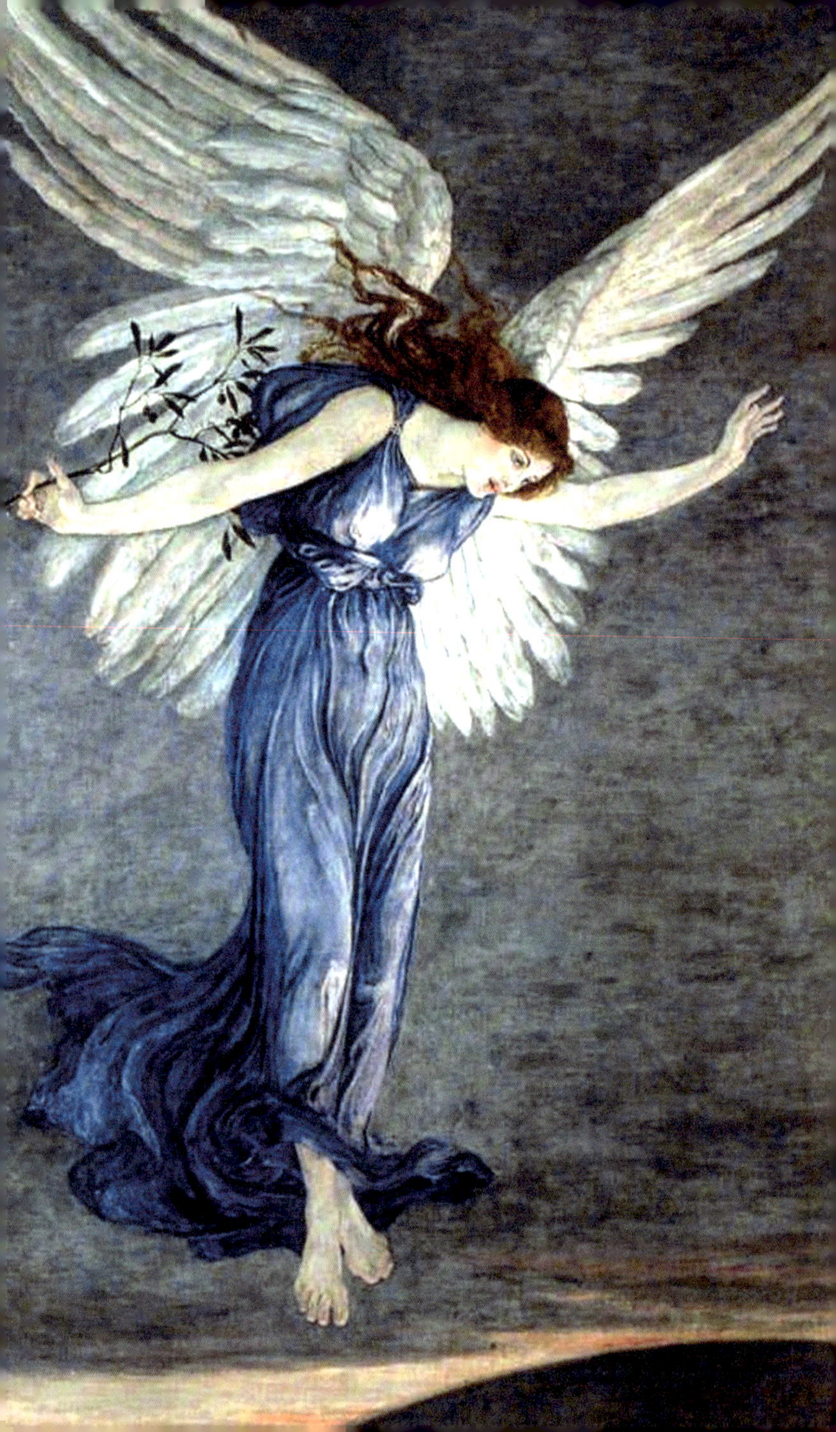

RAINER MARIA RILKE

Der Schutzengel

WALTER CRANE: DER FRIEDENSENGEL

Du bist der Vogel, dessen Flügel kamen,
wenn ich erwachte in der Nacht und rief.
Nur mit den Armen rief ich, denn dein Namen
ist wie ein Abgrund, tausend Nächte tief.
Du bist der Schatten, drin ich still entschlief,
und jeden Traum ersinnt in mir dein Samen, –
du bist das Bild, ich aber bin der Rahmen,
der dich ergänzt in glänzendem Relief.

Wie nenn ich dich? Sieh, meine Lippen lahmen.
Du bist der Anfang, der sich groß ergießt,
ich bin das langsame und bange Amen,
das deine Schönheit scheu beschließt.

Du hast mich oft aus dunklem Ruhn gerissen,
wenn mir das Schlafen wie ein Grab erschien
und wie Verlorengehen und Entfliehn, –
da hobst du mich aus Herzensfinsternissen
und wolltest mich auf allen Türmen hissen
wie Scharlachfahnen und wie Draperien.

Du: der von Wundern redet wie vom Wissen
und von den Menschen wie von Melodien
und von den Rosen: von Ereignissen,
die flammend sich in deinem Blick vollziehn, –
du Seliger, wann nennst du einmal Ihn,
aus dessen siebentem und letztem Tage
noch immer Glanz auf deinem Flügelschlage
verloren liegt …
Befiehlst du, dass ich frage?

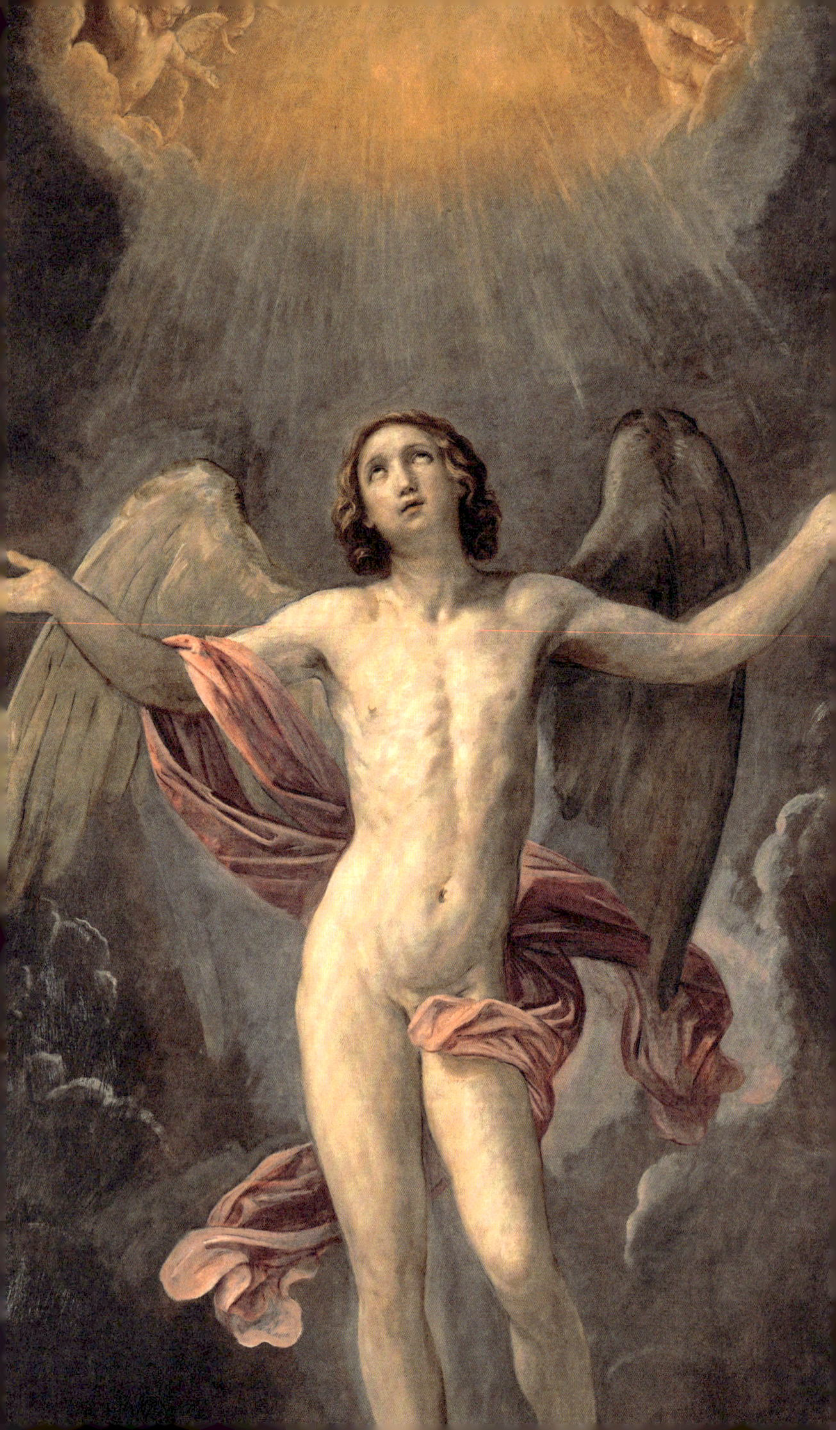

THERESE VON LISIEUX

An meinen Schutzengel

Du hehrer Hüter meiner Seele,
Von Glanz und Schönheit ist dein Kleid.
Gleich einer Flamme ohne Fehle
Stehst du am Thron der Ewigkeit.
Für mich kamst du herab auf Erden,
Umgibst mich mit dem Lichte dein,
Ein treuer Bruder mir zu werden,
Mir Freund und Führer stets zu sein.

GUIDO RENI: ANIMA BEATA

Du zeigst mir Schwachen viel Erbarmen,
Führst mich an deiner Hand den Weg.
Voll Liebe räumest du mir Armen
Die Steine fort von manchem Steg.
»Den Blick zum Himmel froh erhebe!«
Stets deine milde Stimme spricht.
Je mehr ich still bescheiden lebe,
Je heller strahlt dein Angesicht.

Du, der durchwandelt, o so schnelle,
Den Weltenraum wie Blitz und Wind,
O fliege oft an meiner Stelle
Zu denen, die mir teuer sind.
Beschütze sie und still' ihr Wehe,
Von meines Jesu Güte sprich,
Dass jede Seele Wonne sehe
Im Leid, – und leise nenne mich.

Zu sprengen vieler Sünder Bande,
Sei meines kurzen Lebens Werk.
Du, Bote aus dem Vaterlande,
Mit deiner Liebesglut mich stärk'!
Nimm meine Opfer zum Geschenke
Und meiner Armut hohen Wert,
Mit deinem Glück die Gabe tränke,
Dass sie den dreimal Heil'gen ehrt.

Dir, Engel, Preis im Himmelssaale,
Des Höchsten Königs Schatz sei dein!
Mir mag das Brot der heil'gen Schale,
Des Kreuzes Schmuck beschieden sein;
Mit Kreuz und Hostie will ich wallen.
In deinem Schutz, aufwärts den Blick,
Erwart ich friedlich jene Hallen,
Wo ewig herrscht das höchste Glück.

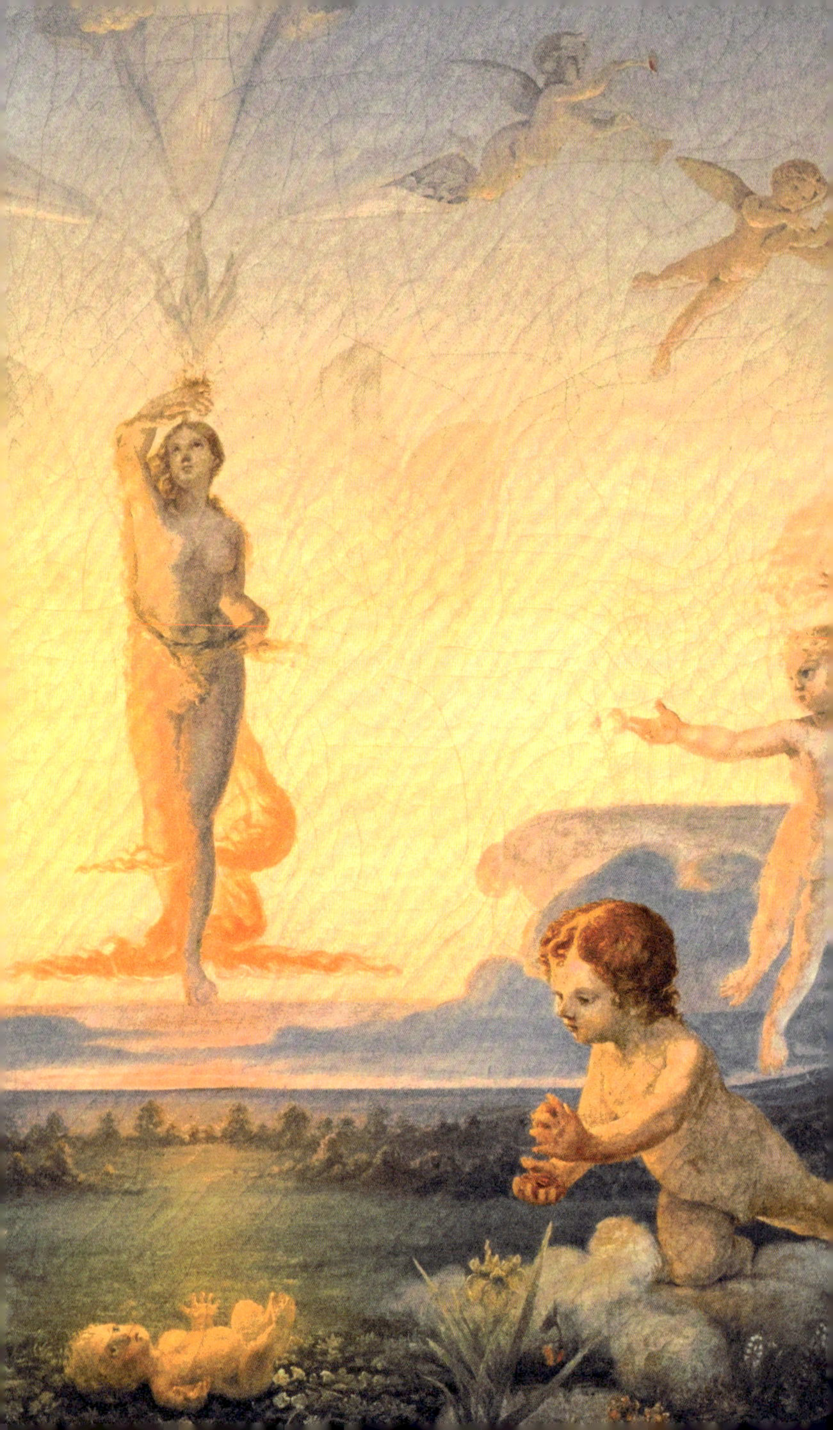

HUGO BALL

Am Morgen

Früh, eh' der Tag seine Schwingen noch regt
Alles noch schlummert und träumet und ruht,
Blümchen noch nickt in der Winde Hut
Eh' noch im Forste ein Vogel schlägt
    Schreitet ein Engel
    Durch's tauweiße Land
    Breitet rings Segen
    Mit schimmernder Hand – –

Und es erwachet die Au und der Wald
Blumen bunt reiben die Äuglein sich klar,
Staunen und flüstern in seliger Schar
Aufstrahlt die Sonne, ein Amselruf schallt –
    Aber der Engel zog
    Längst schon landaus,
    Flog wieder heim
    In sein Vaterhaus.

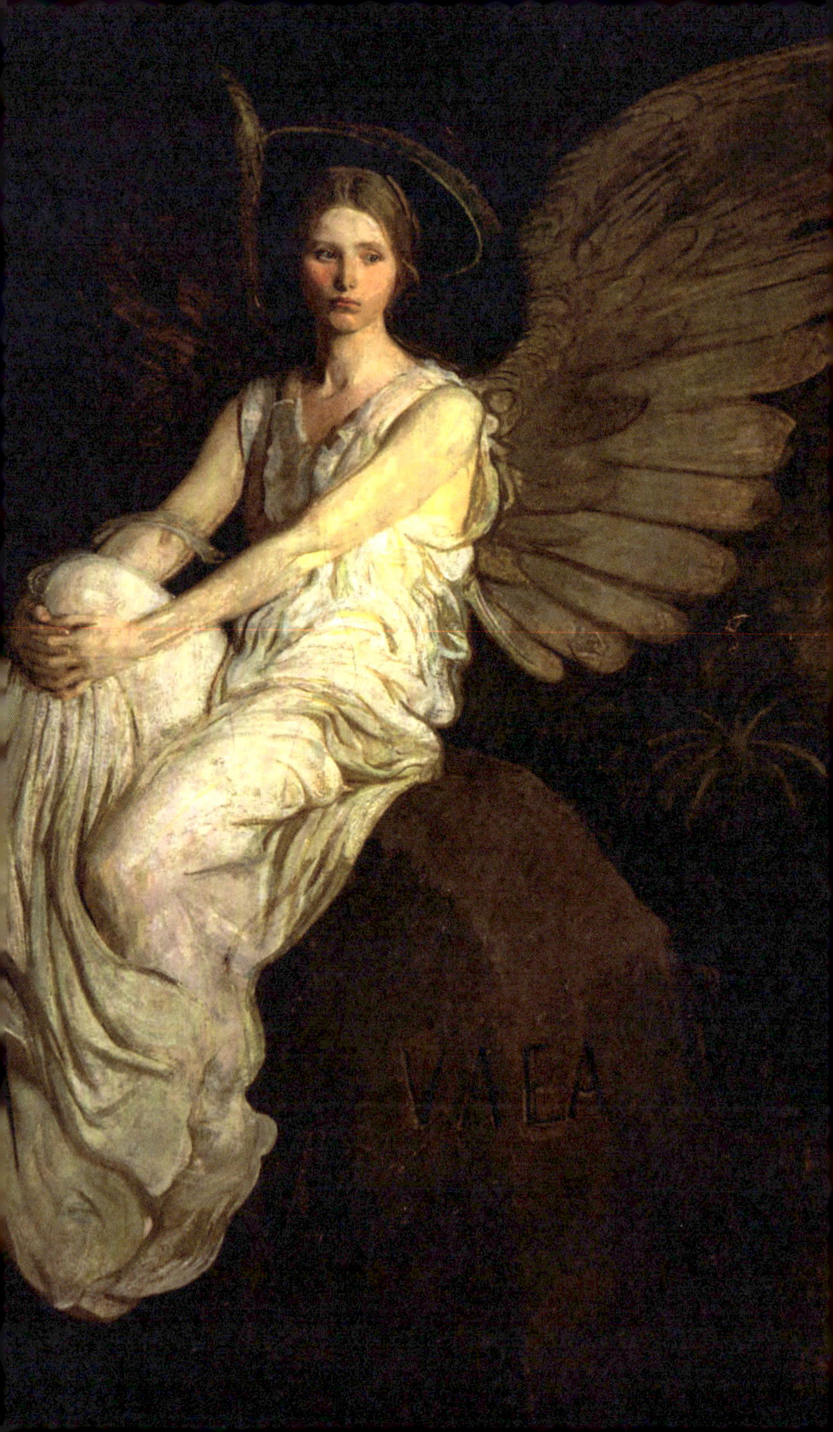
VAEA

Angels, in the early morning
May be seen the Dews among,
Stooping – plucking – smiling – flying –
Do the Buds to them belong?

Angels, when the sun is hottest
May be seen the sands among,
Stooping – plucking – sighing – flying –
Parched the flowers they bear along.

Engel, in der Morgenfrühe
Kann man sehn im Tau, der fiel,
Bückend – pflückend – lächelnd – fliegend –
Sind die Knospen ihre wohl?

Engel, wenn die Sonne glüht
Kann man sehen überm Sand,
Bückend – pflückend – seufzend – fliegend –
Tragen Blumen, die verbrannt

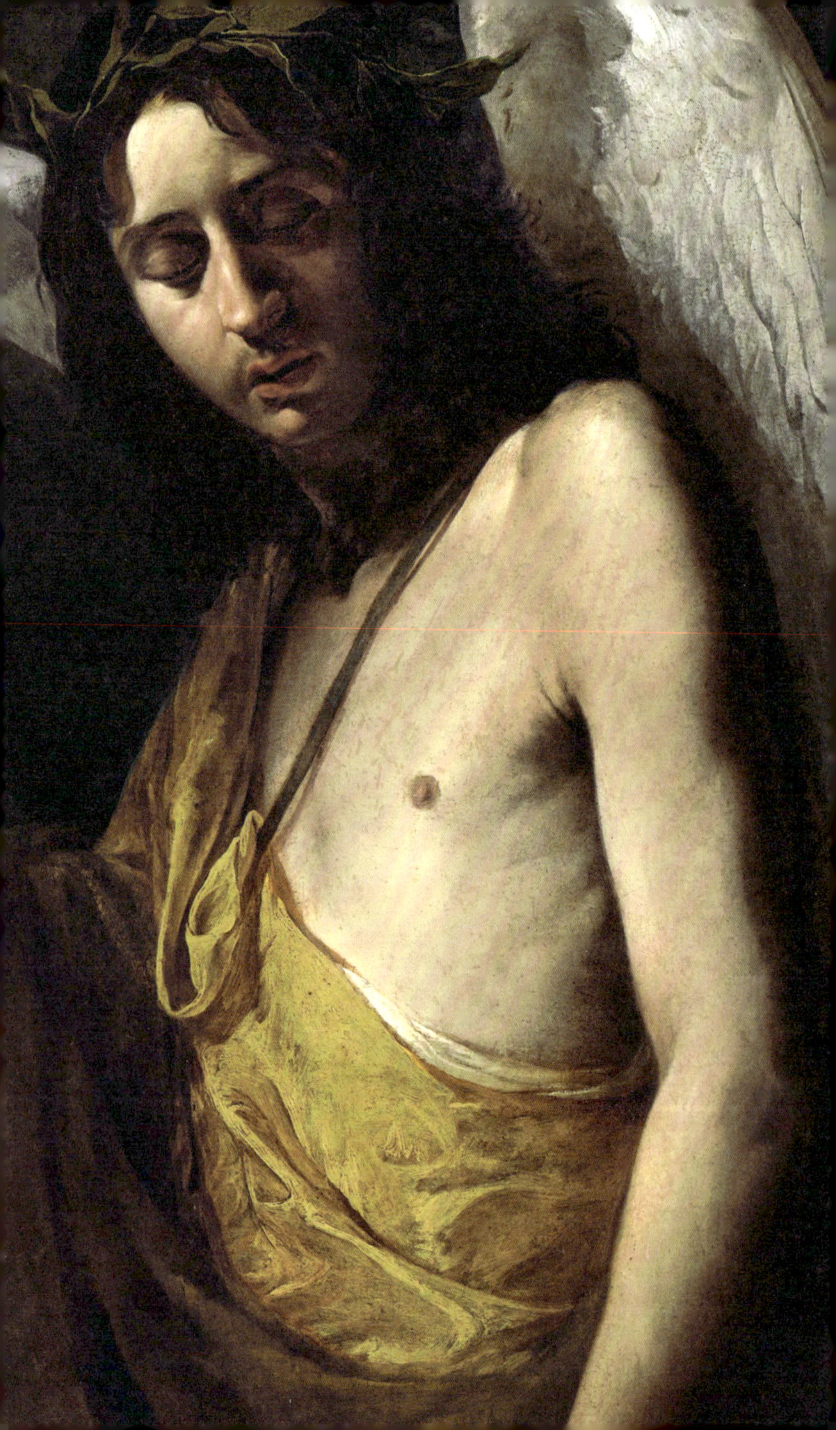

YVAN GOLL

Der Engel

Für Claire

Einmal geht der Engel
Auch ganz nah an dir vorbei.
Es ist ein regnerischer Montag
Du fühlst dich älter als die Welt
Die Stiefel schlecht geputzt
Das Herz gänzlich verrostet

Aber deines Schicksals Engel geht vorbei
Dich mit Güte überschwemmend
Und einem rosa Lächeln
Halt ihn fest!
Dreh dich um!
Bevor er nur noch dem Winde gleicht!

Deutsche Nachdichtung: Claire Goll (1890–1977)

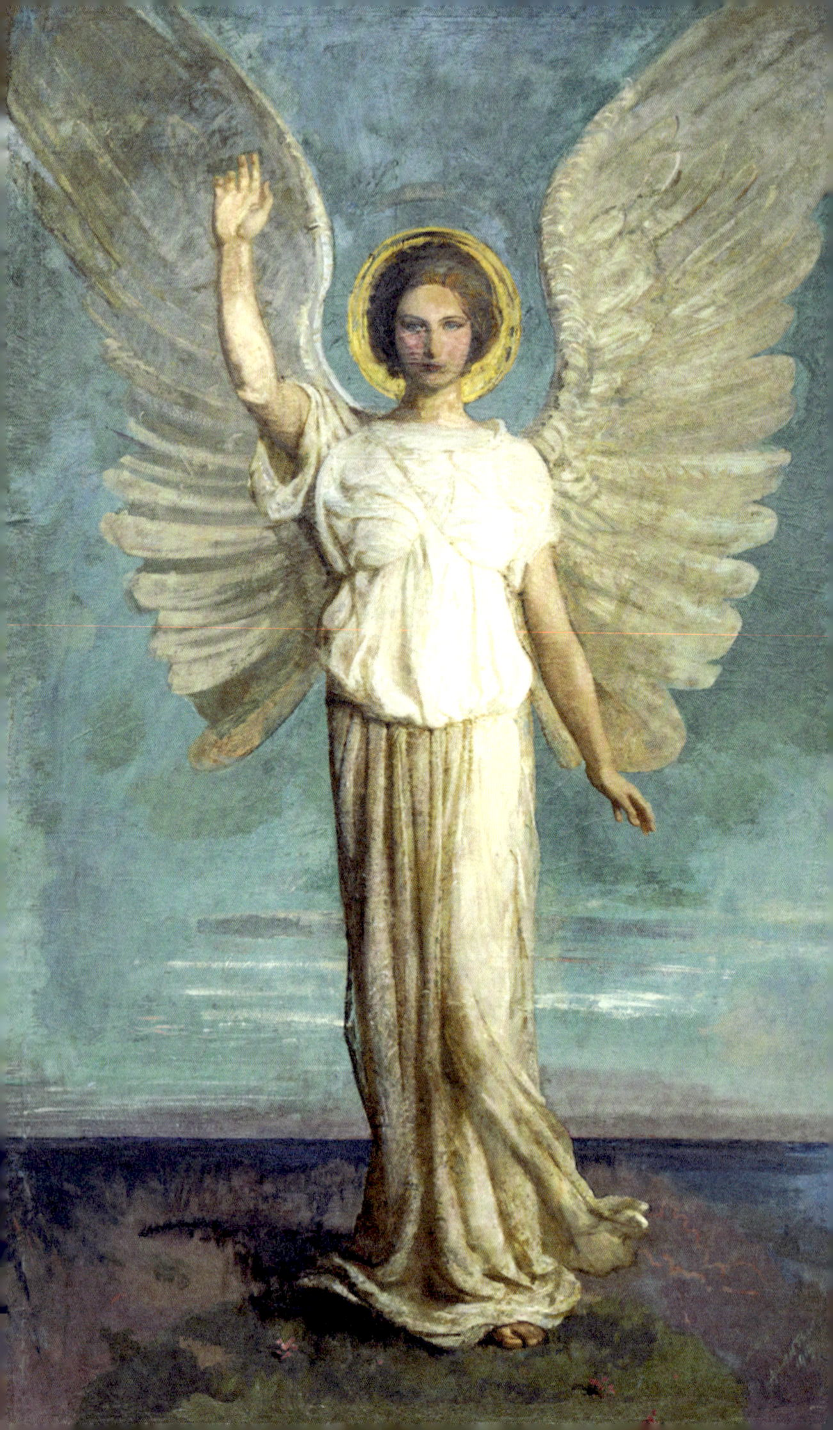

GERTRUD KOLMAR

Der Engel im Walde

Ich aber traf ihn nachmittags im Wald.
Ein Wunder, das durch Buchenräume ging,
So menschenfern, so steigend die Gestalt,
Dass blaue Luft im Fittich sich verfing;

Das Antlitz schien ein reines, stilles Leid,
Sehr sanft und silbrig rieselte das Haar,
In großen Falten schritt das weiße Kleid.
Er schaffte nichts, er sagte nichts; er war.

Und nichts an ihm, was schreckte, was verbot,
Und dennoch: keines Sterbens Weggenoss,
Dass meine Lippe, ob auch unbedroht,
Erstaunten Ruf, die Frage stumm verschloss.

Ein Blatt entwehte an sein Gürtelband,
Vergilbt und schon ein wenig krausgerollt;
Er fing und trug es in der schmalen Hand
Wie ein Geschenk aus Bronze und aus Gold.

Wer sah ihm zu? Das Eichhorn, rot am Ast,
Und Rehe, die das Buschwerk schnell verlor.
Und Erlen wanden schon im Abendglast
Wie schwarze Schlangen züngelnd sich empor.

Er regte kaum die dünne Blätterschicht
Mit weichem Fuß. Er hatte ewig Zeit
Und zog: wohin? In Stadt und Dörfer nicht.
Er wallte außer aller Wirklichkeit.

Nicht unsre Not, nicht unser armes Glück,
Nur keusche Ruhe barg sein Schwingenpaar.
Ich folgte nach und stand und blieb zurück.
Er brachte nichts, er sagte nichts; er war.

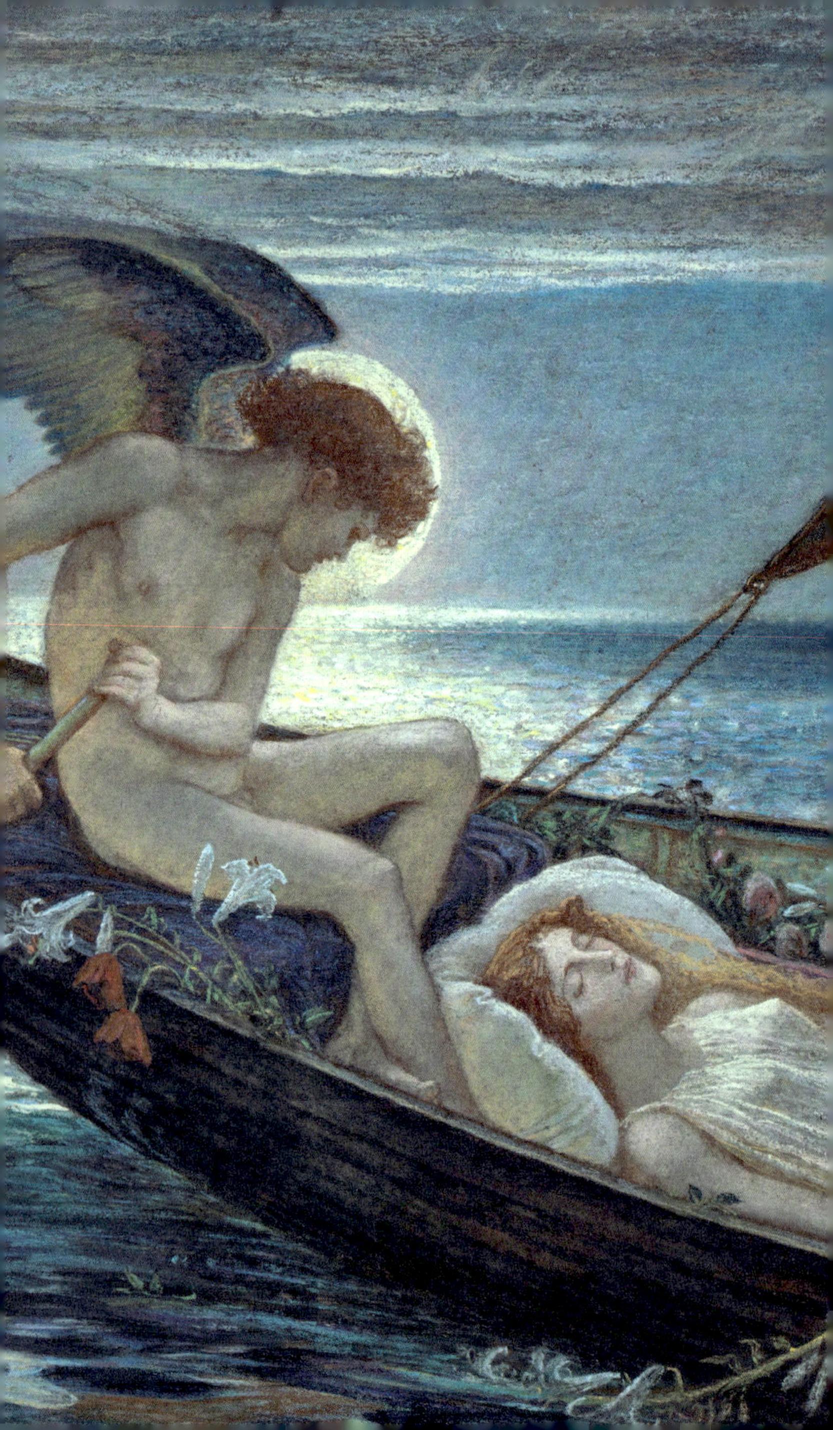

CARL JOHANN PHILIPP SPITTA

Geduld

Es zieht ein stiller Engel
Durch dieses Erdenland,
Zum Trost für Erdenmängel
Hat ihn der Herr gesandt.
In seinem Blick ist Frieden
Und milde, sanfte Huld,
O folg' ihm stets hienieden,
Dem Engel der Geduld!

Er führt dich immer treulich
Durch alles Erdenleid,
Und redet so erfreulich
Von einer schönern Zeit.
Denn willst du ganz verzagen,
Hat er doch guten Mut;
Er hilft das Kreuz dir tragen,
Und macht noch Alles gut.

Er macht zu linder Wehmut
Den herbsten Seelenschmerz,
Und taucht in stille Demut
Das ungestüme Herz.
Er macht die finstre Stunde
Allmählich wieder hell
Und heilet jede Wunde
Gewiss, wenn auch nicht schnell.

Er zürnt nicht deinen Tränen,
Wenn er dich trösten will;
Er tadelt nicht dein Sehnen,
Nur macht er's fromm und still.
Und wenn in Sturmestoben
Du murrend fragst: warum?
So deutet er nach oben,
Mild lächelnd, aber stumm.

Er hat für jede Frage
Nicht Antwort gleich bereit,
Sein Wahlspruch heißt: ertrage,
Die Ruhstatt ist nicht weit!
So geht er dir zur Seite,
Und redet gar nicht viel,
Und denkt nur in die Weite,
An's schöne, große Ziel.

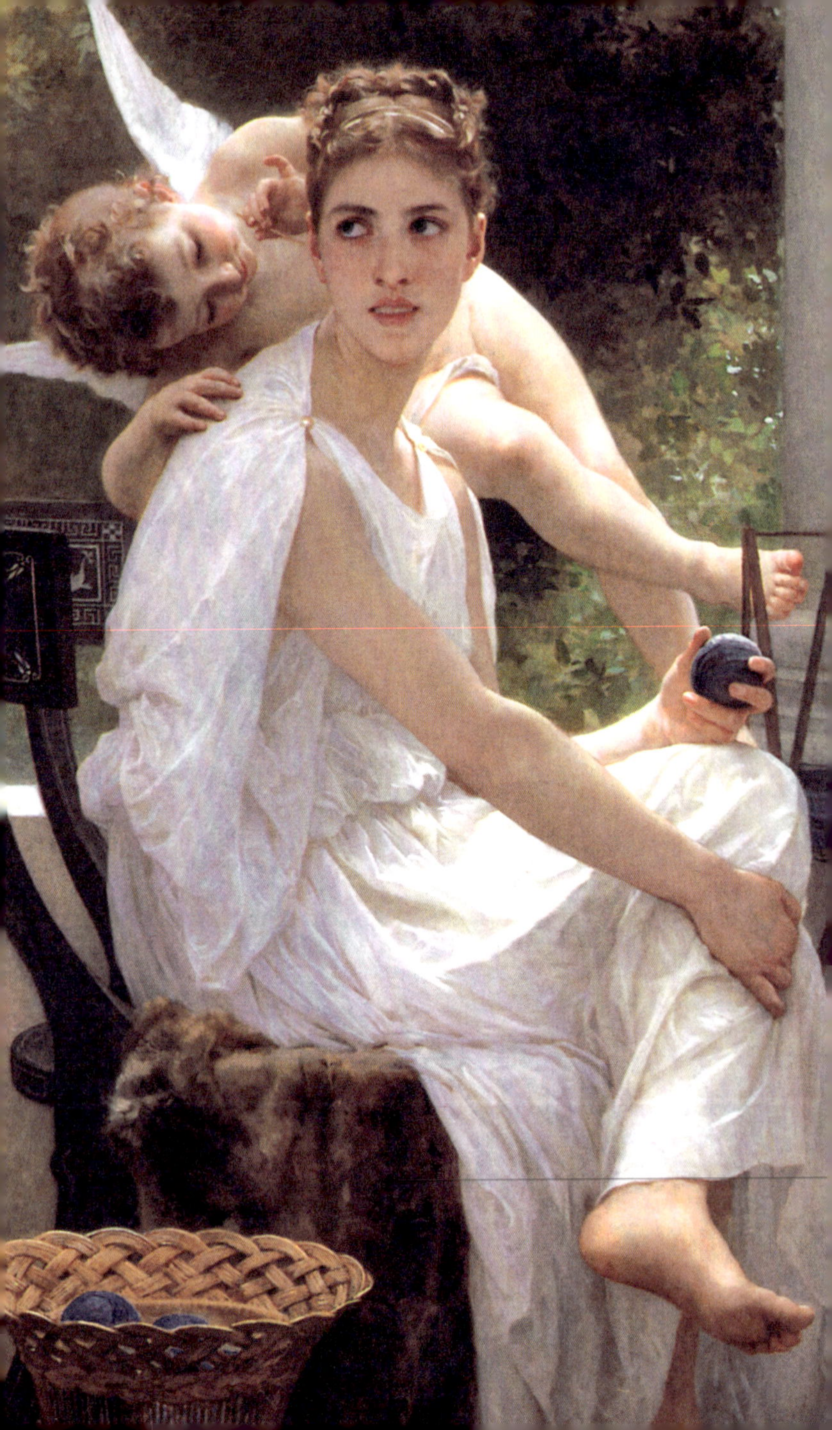

LUDWIG TIECK

Ich bin ein Engel, Menschenkind, das wisse,
Mein Flügelpaar klingt in dem Morgenlichte,
Den grünen Wald erfreut mein Angesichte,
Das Nachtigallen-Chor gibt seine Grüße.

Wem ich der Sterblichen die Lippe küsse,
Dem tönt die Welt ein göttliches Gedichte,
Wald, Wasser, Feld und Luft spricht ihm Geschichte,
Im Herzen rinnen Paradieses-Flüsse.

Die ew'ge Liebe, welche nie vergangen,
Erscheint ihm im Triumph auf allen Wogen,
Er nimmt den Tönen ihre dunkle Hülle,

Da regt sich, schlägt in Jubel auf die Stille,
Zur spiel'nden Glorie wird der Himmelsbogen,
Der Trunkne hört, was alle Engel sangen.

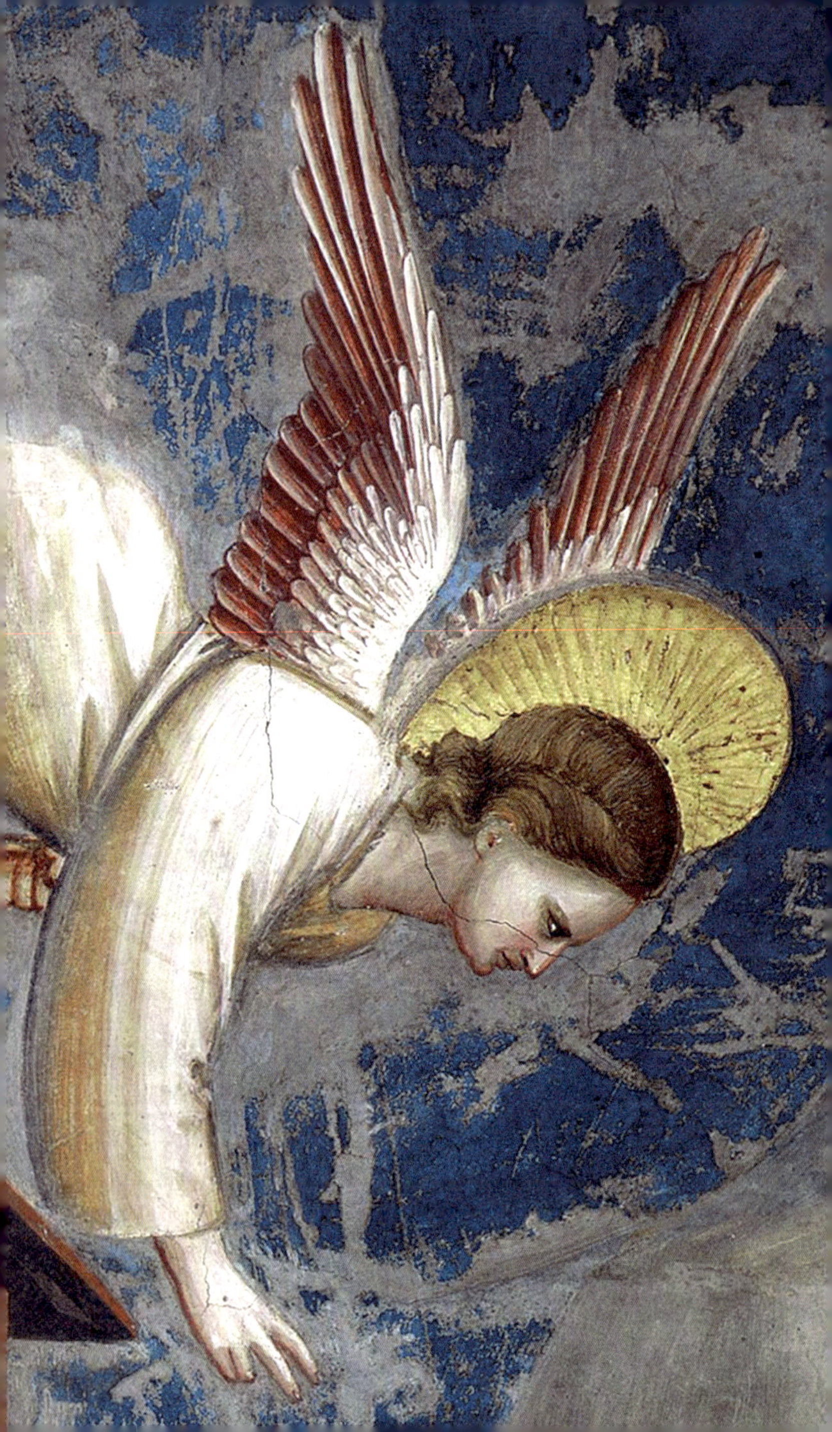

JUSTINUS KERNER

Alte Laute

GIOTTO DI BONDONE: DIE GEBURT CHRISTI (AUSSCHNITT)

Hörst du den Vogel singen?
Siehst du den Blütenbaum?
Herz! kann dich das nicht bringen
Aus deinem bangen Traum?

Was hör ich? alte Laute
Wehmüt'ger Jünglingsbrust
Der Zeit als ich vertraute
Der Welt und ihrer Lust.

Die Tage sind vergangen,
Mich heilt kein Kraut der Flur;
Und aus dem Traum, dem bangen,
Weckt mich ein Engel nur.

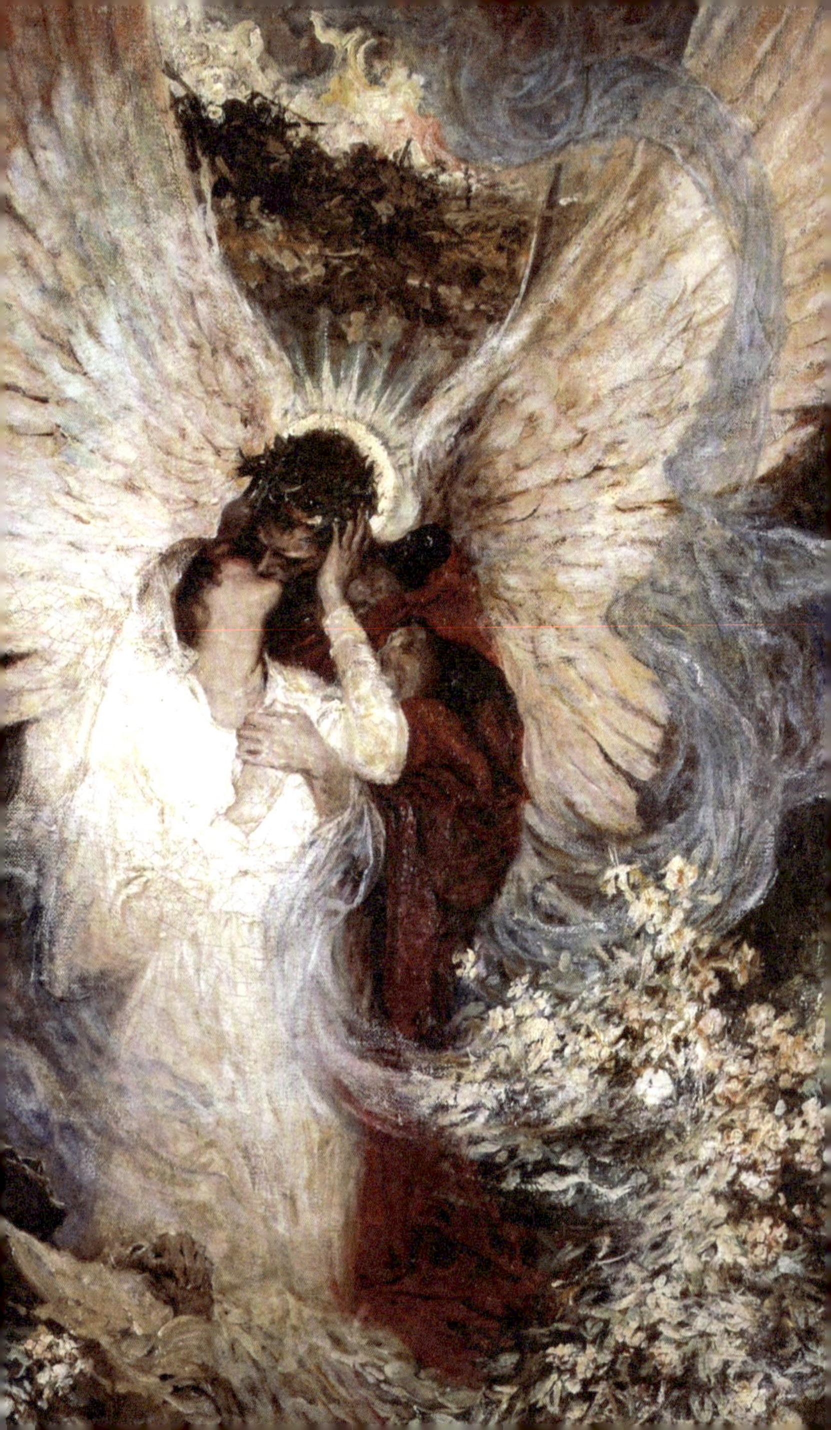

CHARLES BAUDELAIRE

Hymne

Die Lieb und Schönheit nur erfüllt,
Die auch mein Herz dem Licht geweiht,
Den Engel, das unsterblich Bild,
Grüß ich in der Unsterblichkeit!

Wie salzige Luft sich weithin dehnt,
Durchdringt auch sie mein ganzes Leben,
Hat meiner Seele, die sich sehnt,
Den Sinn für Ewiges eingegeben.

Duftkissen, das stets unverbraucht
Der trauten Kammer Luft beseelt,
Weihrauchfass, das vergessen raucht
Und nächtens heimlich weiterschwelt.

Wie, Liebe, unvergänglich klar,
Kann ich dein Wesen wahrhaft deuten?
Ein Moschuskorn ruht unsichtbar
Am Grunde meiner Ewigkeiten!

Die Güte, Schönheit nur erfüllt,
Die Heil und Freude mir verleiht,
Den Engel, das unsterblich Bild.
Grüß ich in der Unsterblichkeit!

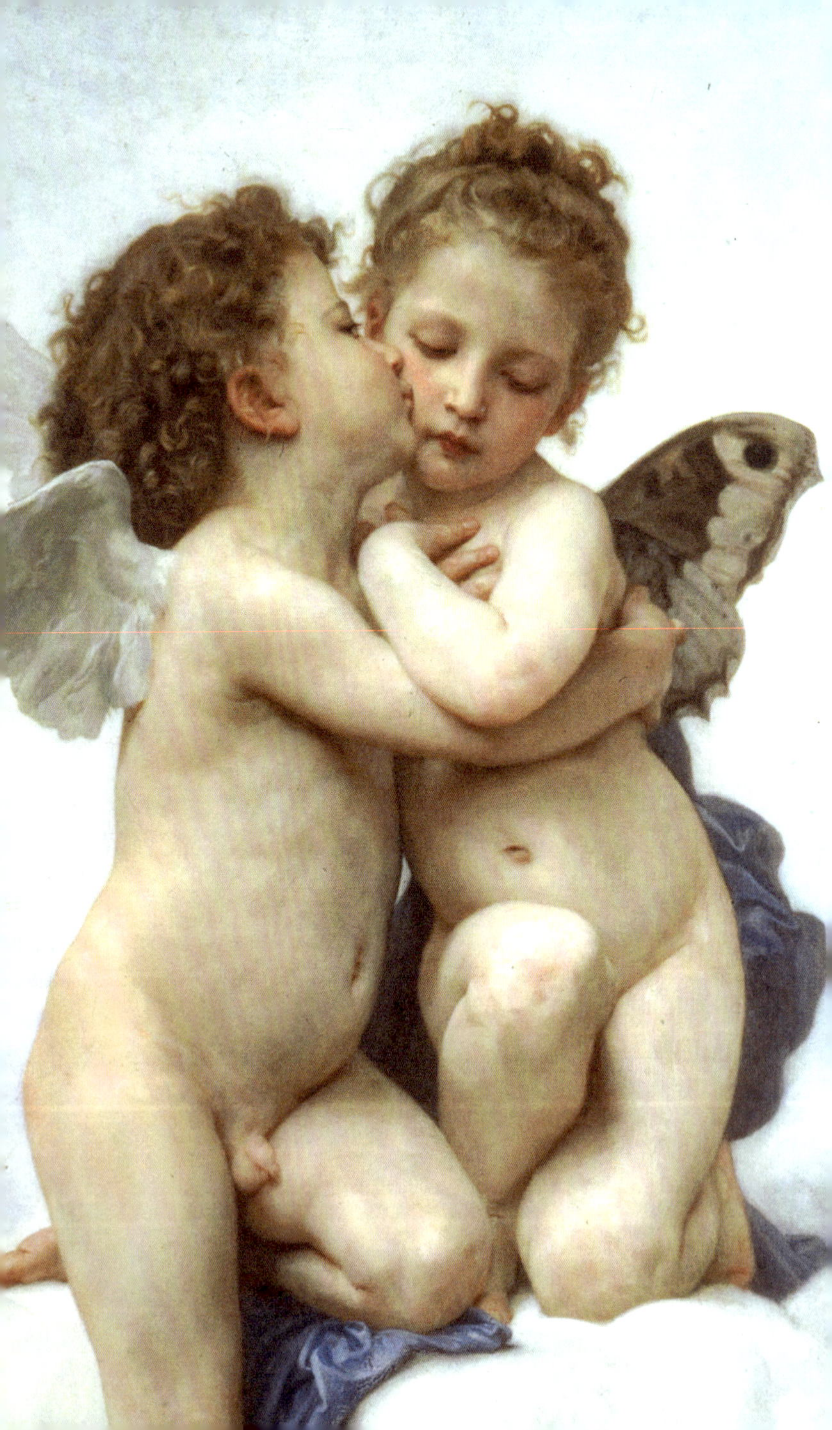

EMANUEL GEIBEL

Die beiden Engel

WILLIAM ADOLPHE BOUGUEREAU: AMOR UND PSYCHE ALS KINDER

O kennst du, Herz, die beiden Schwesterengel,
Herabgestiegen aus dem Himmelreich:
Stillsegnend Freundschaft mit dem Lilienstengel,
Entzündend Liebe mit dem Rosenzweig?

Schwarzlockig ist die Liebe, feurig glühend,
Schön wie der Lenz, der hastig sprossen will;
Die Freundschaft blond, in sanfteren Farben blühend,
Und wie die Sommernacht so mild und still;

Die Lieb' ein brausend Meer, wo im Gewimmel
Vieltausendfältig Wog' an Woge schlägt;
Freundschaft ein tiefer Bergsee, der den Himmel
Klar wiederspiegelnd in den Fluten trägt.

Die Liebe bricht herein wie Wetterblitzen,
Die Freundschaft kommt wie dämmernd Mondenlicht;
Die Liebe will erwerben und besitzen,
Die Freundschaft opfert, doch sie fordert nicht.

Doch dreimal selig, dreimal hoch zu preisen
Das Herz, wo Beide freundlich eingekehrt,
Und wo die Glut der Rose nicht dem leisen
Geheimnisvollen Blühn der Lilie wehrt!

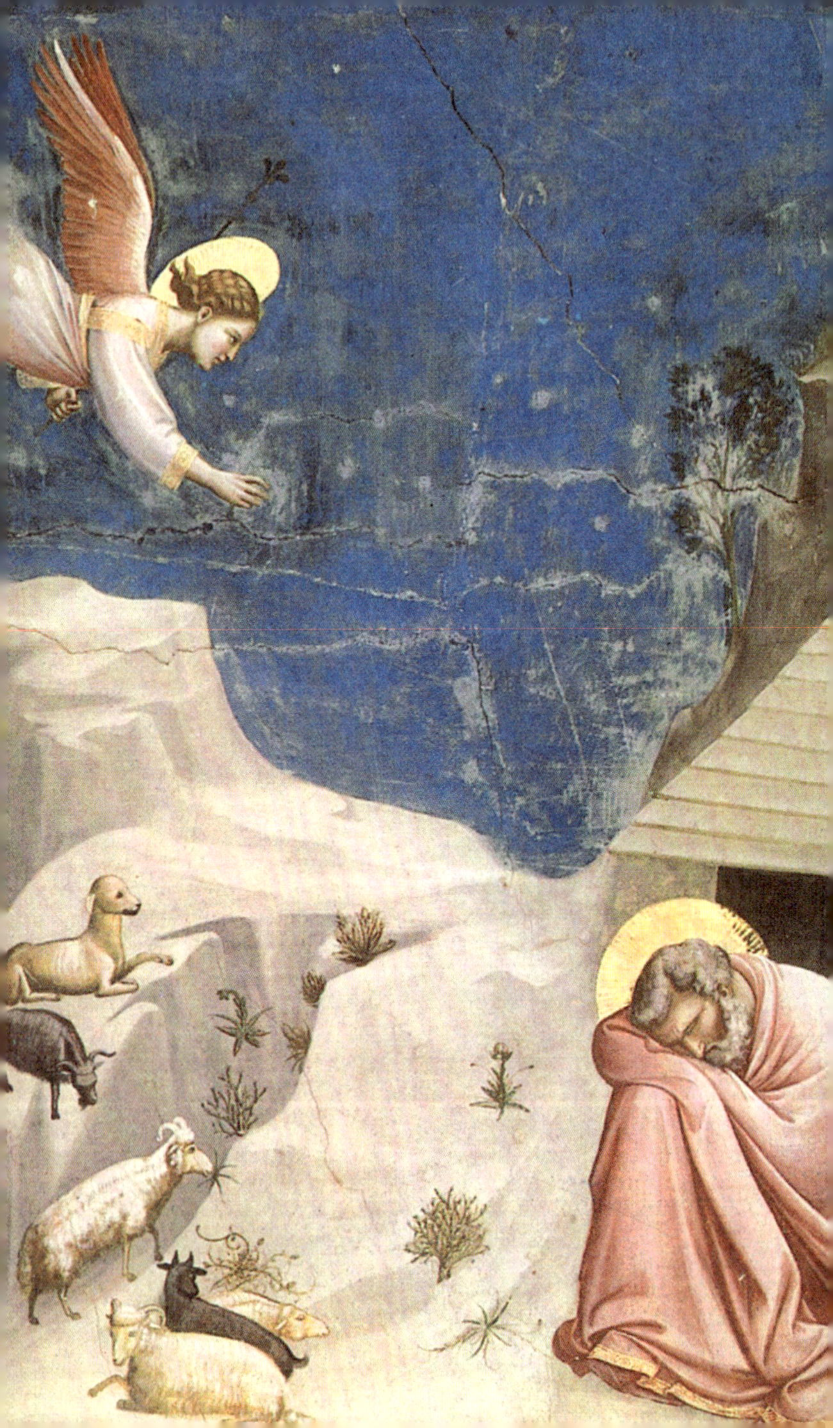

NATALIE VON HERDER

Die Federn

GIOTTO DI BONDONE: JOACHIMS TRAUM (AUSSCHNITT)

Drei Federn wurden uns für dieses Leben
Zum wechselnden Gebrauch anheim gegeben.
Aus seinem Fittich gab zuerst ein Engel
Die eine Dir, dass Du des Lebens Mängel
Damit verzeichnest mit Gelassenheit.

Die zweite stammt aus eines Adlers Flügel,
Sie folgt der Phantasie mit leichtem Zügel,
Kühn bis zur Sonne, über Wolken hebet
Ihr Flug sie, der der Wirklichkeit entschwebet,
Erheiternd mildert sie den Ernst der Zeit.

Die dritte löste sich aus Amors Schwingen,
Um treuer Liebe Sprache Dir zu bringen;
Sie bleibt sich gleich, wird überall verstanden,
In allen Zeiten, wie in allen Landen,
Sie trägt Dein Glück in's Buch des Lebens ein.

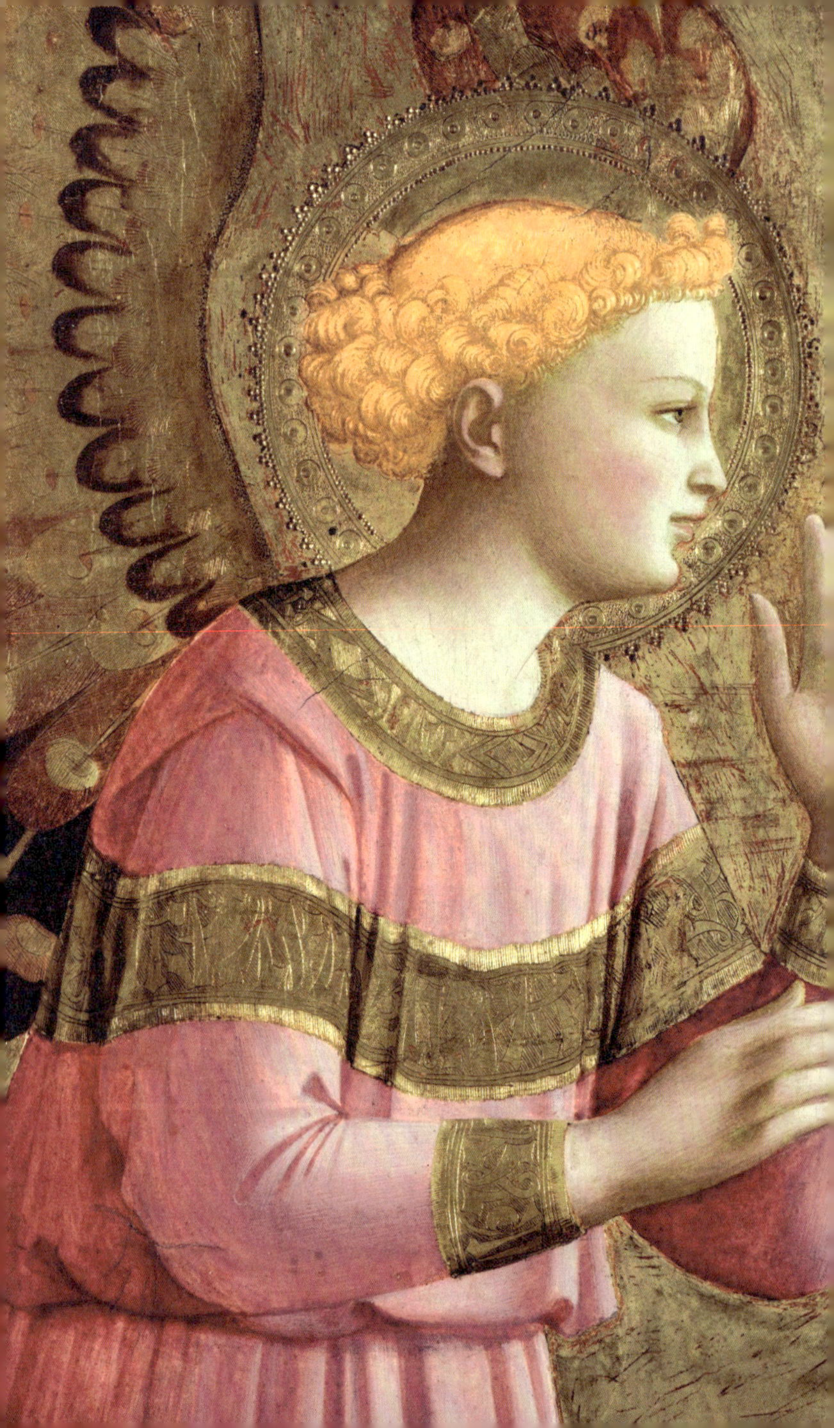

NOVALIS

Wenn in bangen trüben Stunden
Unser Herz beinah verzagt,
Wenn von Krankheit überwunden
Angst in unserm Innern nagt;
Wir der Treugeliebten denken,
Wie sie Gram und Kummer drückt,
Wolken unsern Blick beschränken,
Die kein Hoffnungsstrahl durchblickt:

O! dann neigt sich Gott herüber,
Seine Liebe kommt uns nah,
Sehnen wir uns dann hinüber
Steht sein Engel vor uns da,
Bringt den Kelch des frischen Lebens,
Lispelt Mut und Trost uns zu;
Und wir beten nicht vergebens
Auch für die Geliebten Ruh.

FRA' ANGELICO: VERKÜNDIGUNG (AUSSCHNITT)

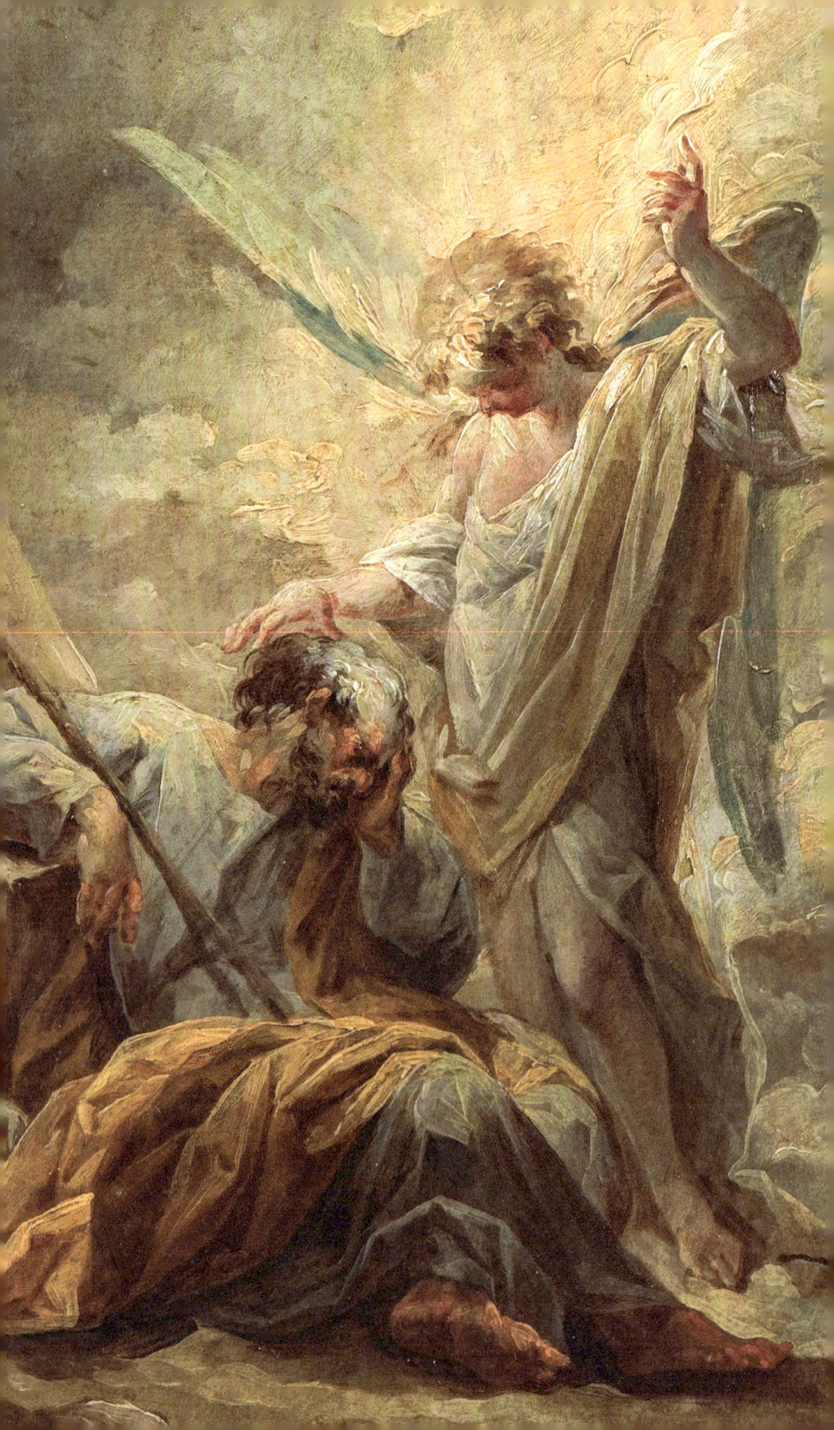

FRIEDRICH MARTIN BODENSTEDT

Nachts kam im Traum zu mir ein Engel,
Der hatte vom Himmel den Abschied bekommen,
Weil er, voll lauter irdischer Mängel,
Das Himmelreich für die Erde genommen.

Gott sprach zu ihm am Tag des Gerichtes:
Was man einmal ist, das muss man ganz sein;
Im Himmel himmlischen Angesichtes
Muss man voll lauter himmlischem Glanz sein.

Die Erde hat Wein, Gesang und Liebe, –
Der Himmel hat seinen himmlischen Segen.
So lange dein Herz voll irdischer Triebe,
Sollst du der irdischen Freuden pflegen!

Wer nicht im Leben erstrebt das Beste
Was meine Gnade bereitet auf Erden,
Dem bleiben zu viele irdische Reste,
Der kann auch im Himmel nicht glücklich werden.

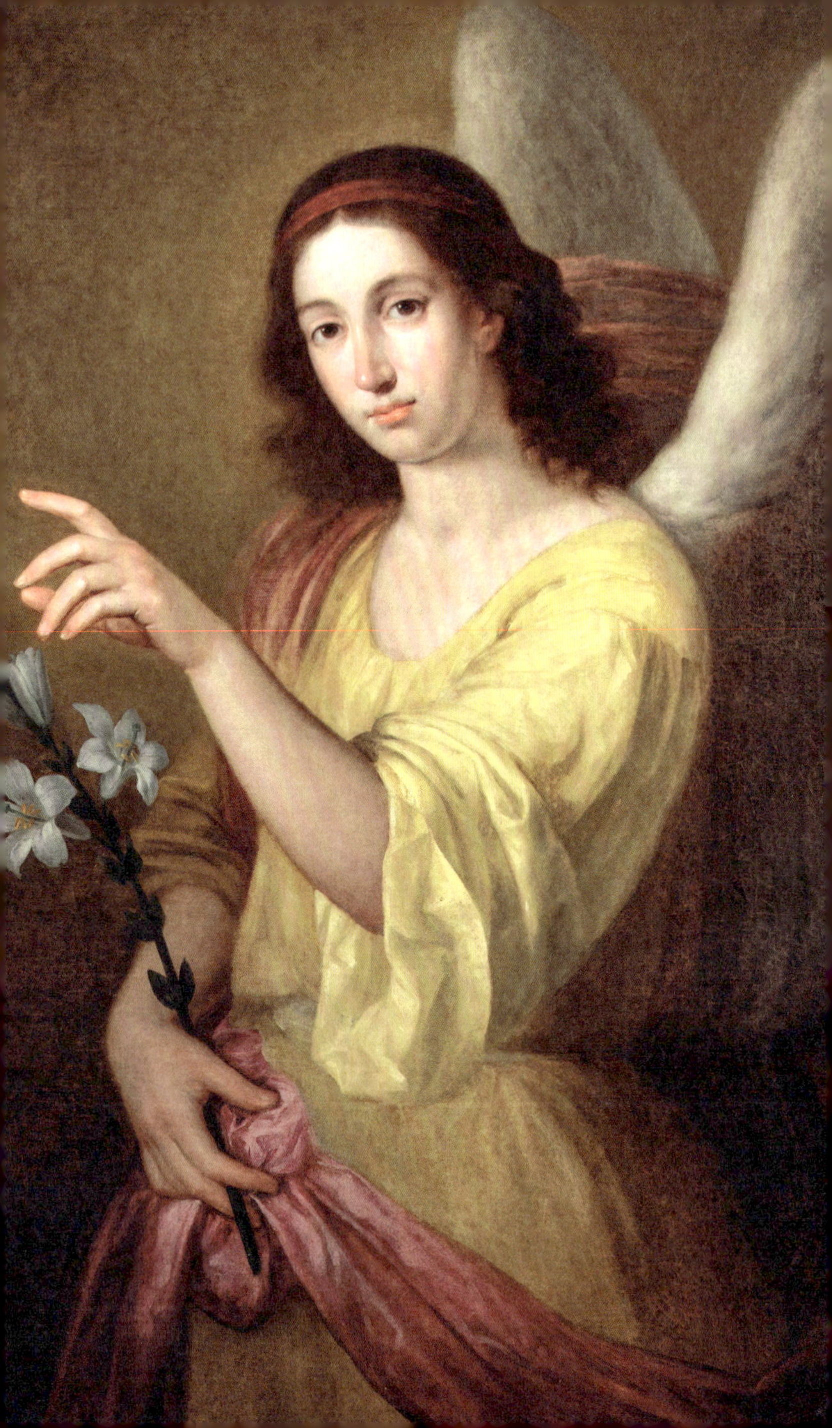

RAINER MARIA RILKE

Der Engel

Mit einem Neigen seiner Stirne weist
er weit von sich was einschränkt und verpflichtet;
denn durch sein Herz geht riesig aufgerichtet
das ewig Kommende das kreist.

Die tiefen Himmel stehn ihm voll Gestalten,
und jede kann ihm rufen: komm, erkenn –.
Gib seinen leichten Händen nichts zu halten
aus deinem Lastenden. Sie kämen denn

bei Nacht zu dir, dich ringender zu prüfen,
und gingen wie Erzürnte durch das Haus
und griffen dich als ob sie dich erschüfen
und brächen dich aus deiner Form heraus.

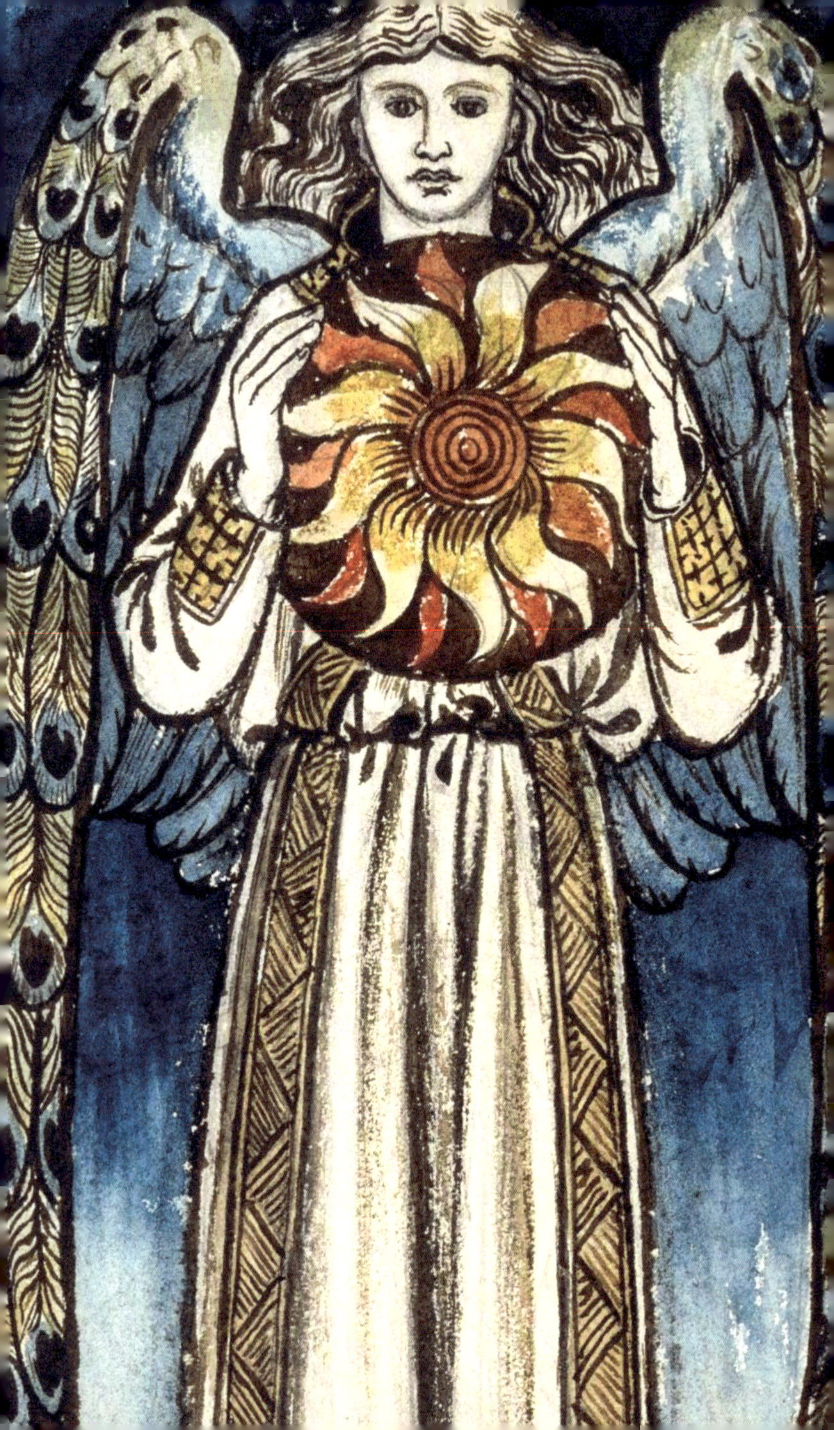

RICHARD DEHMEL

Ein Engel

Ich kann ein Engel werden,
wenn ich gestorben bin.
Dann jagt wohl mit Wolkenpferden,
die wir nicht sehn auf Erden,
meine Kraft durchs Luftmeer hin.

Meine Flügel sind wohl die Stürme,
der Blitzstrahl wohl mein Pfad.
Ich weiß es nicht, ich leuchte nur;
mich treibt ein Geist zur Tat,
der braucht wohl meine Kraft.

Ich leuchte in tausend Gestalten,
vielleicht wo die Sonne loht,
vielleicht wo Sterne erkalten,
die bleich noch Nachtwache halten,
vielleicht im Morgenrot.

Da darf ich überall wirken,
und bin doch vor dem Geist,
der mich und all die andern Engel
zu Seinem Werk hinreißt,
nur ein kleiner Held.

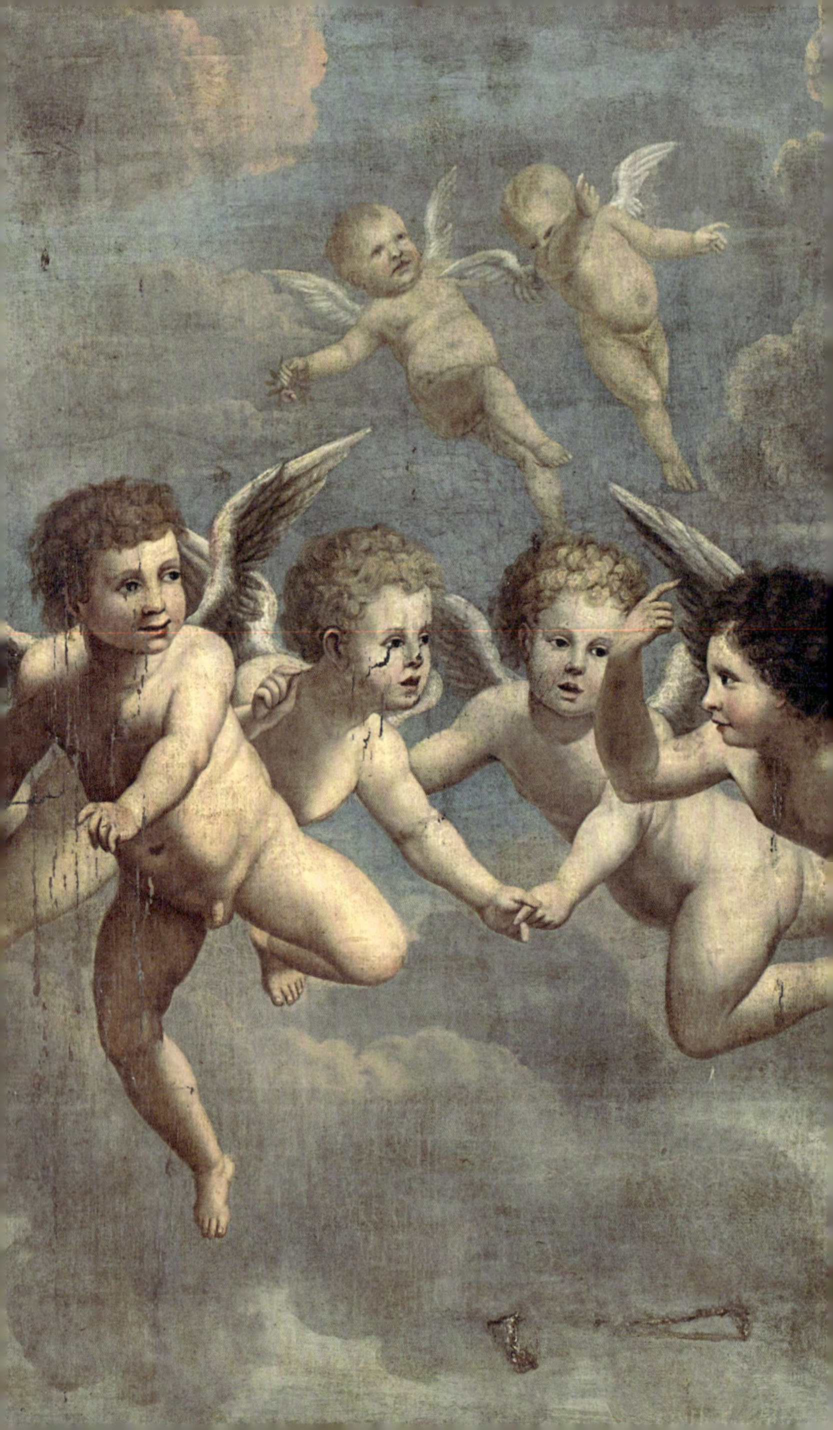

Mein Engelchen, mein Engelchen,
Du willst gewiss entfliegen!
Gefällt dir's nicht bei uns? o sprich!
So ungeduldig seh ich dich
Auf deinen Schwingen wiegen.

Mein Engelchen, mein Engelchen,
Du willst gewiss entschweben!
Du wirst ja schöner jeden Tag,
Es zittert meines Herzens Schlag,
Du wirst zu schön für's Leben.

Mein Engelchen, mein Engelchen,
Du willst gewiss entwallen!
Wirst jede Stunde lieber mir,
Ich fühl's mit Furcht, ich hab an dir
Zu großes Wohlgefallen.

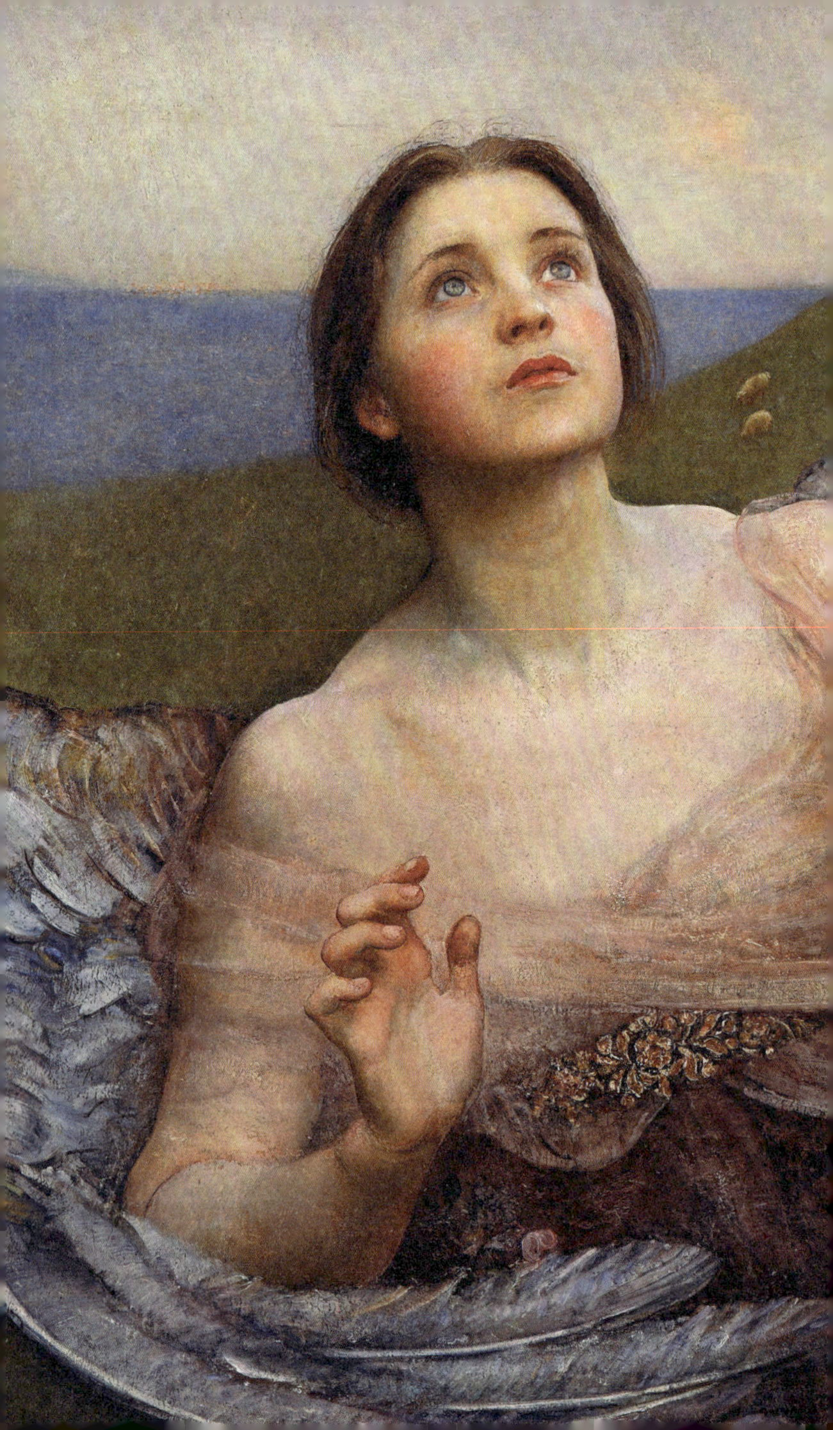

ELSE LASKER-SCHÜLER

Meine Mutter

War sie der große Engel,
Der neben mir ging?

Oder liegt meine Mutter begraben
Unter dem Himmel von Rauch –
Nie blüht es blau über ihrem Tode.

Wenn meine Augen doch hell schienen
Und ihr Licht brächten.

Wäre mein Lächeln nicht versunken im Antlitz,
Ich würde es über ihr Grab hängen.

Aber ich weiß einen Stern,
Auf dem immer Tag ist;
Den will ich über ihre Erde tragen.

Ich werde jetzt immer ganz allein sein
Wie der große Engel,
Der neben mir ging.

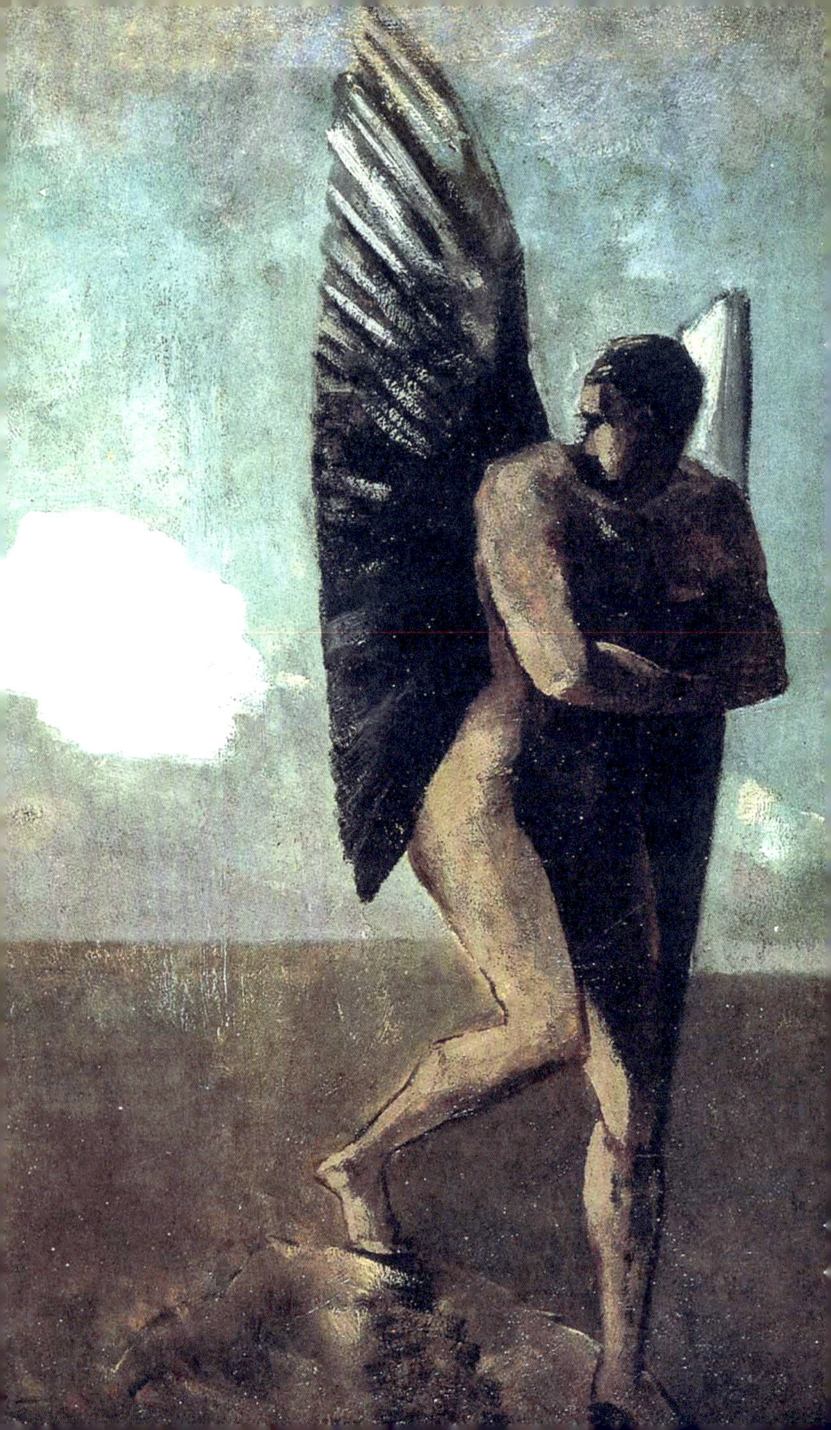

RAINER MARIA RILKE

Gebet

Ernster Engel aus Ebenholz:
Du riesige Ruh.
Dein Schweigen schmolz
noch nie in den Bränden
von Büßerhänden.
Flammenumflehter!
Deine Beter
sind stolz:
wie du.

Der du versteinst,
du über den Blicken beginnender
König, erkiese
dir ein Geschlecht,
dem du gerecht
erscheinst,
saumsinnender
Riese.

Du, aller Matten
Furchteinflößer,
Einer ist größer
als du: dein Schatten.

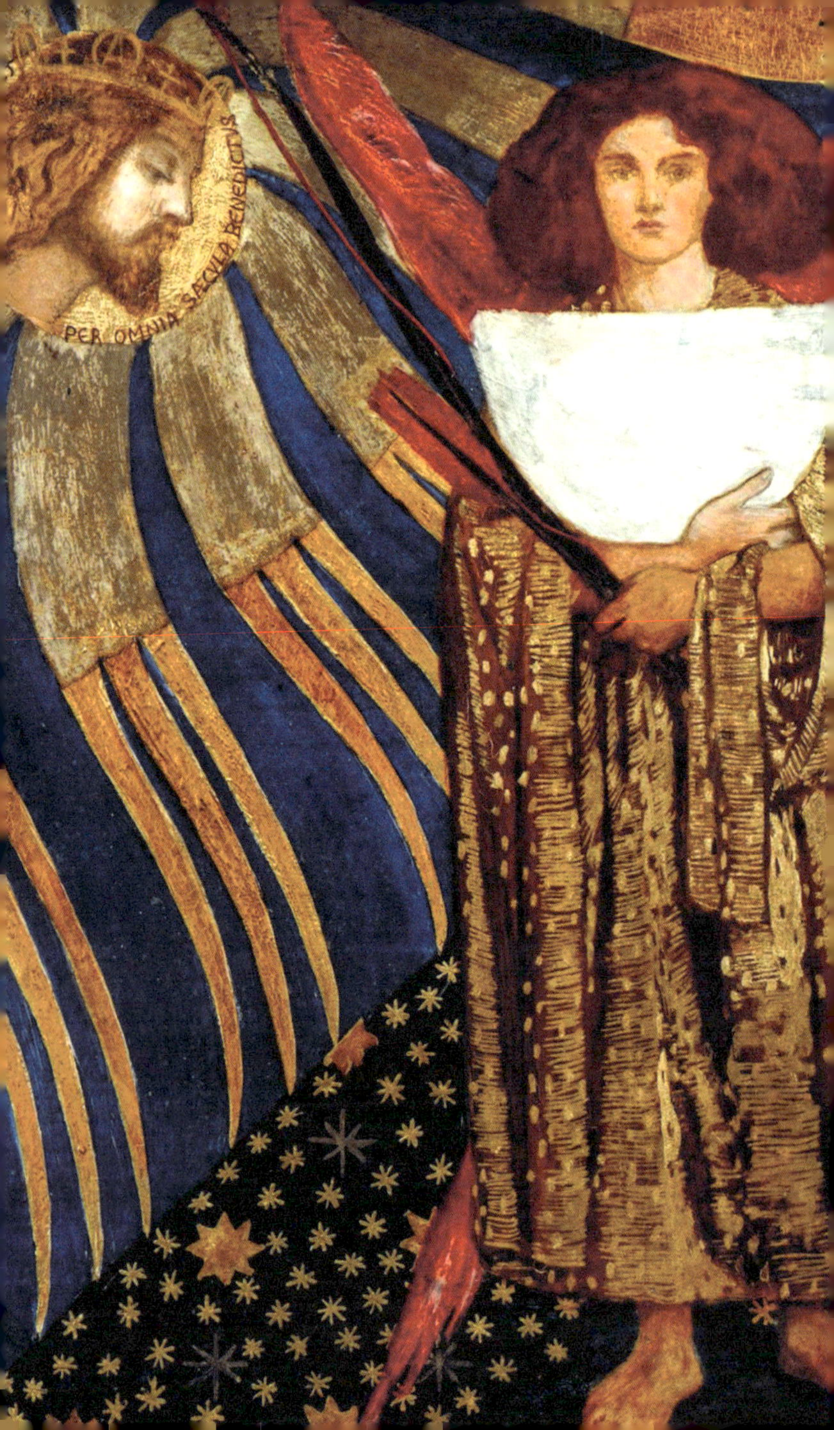
PER OMNIA SAECVLA BENEDICTVS

In den höheren Regionen,
Wo der Herr und seine Engel wohnen,
Finden sich kraft Gotteskraft
Nicht Paragraphen, die bestrafen.

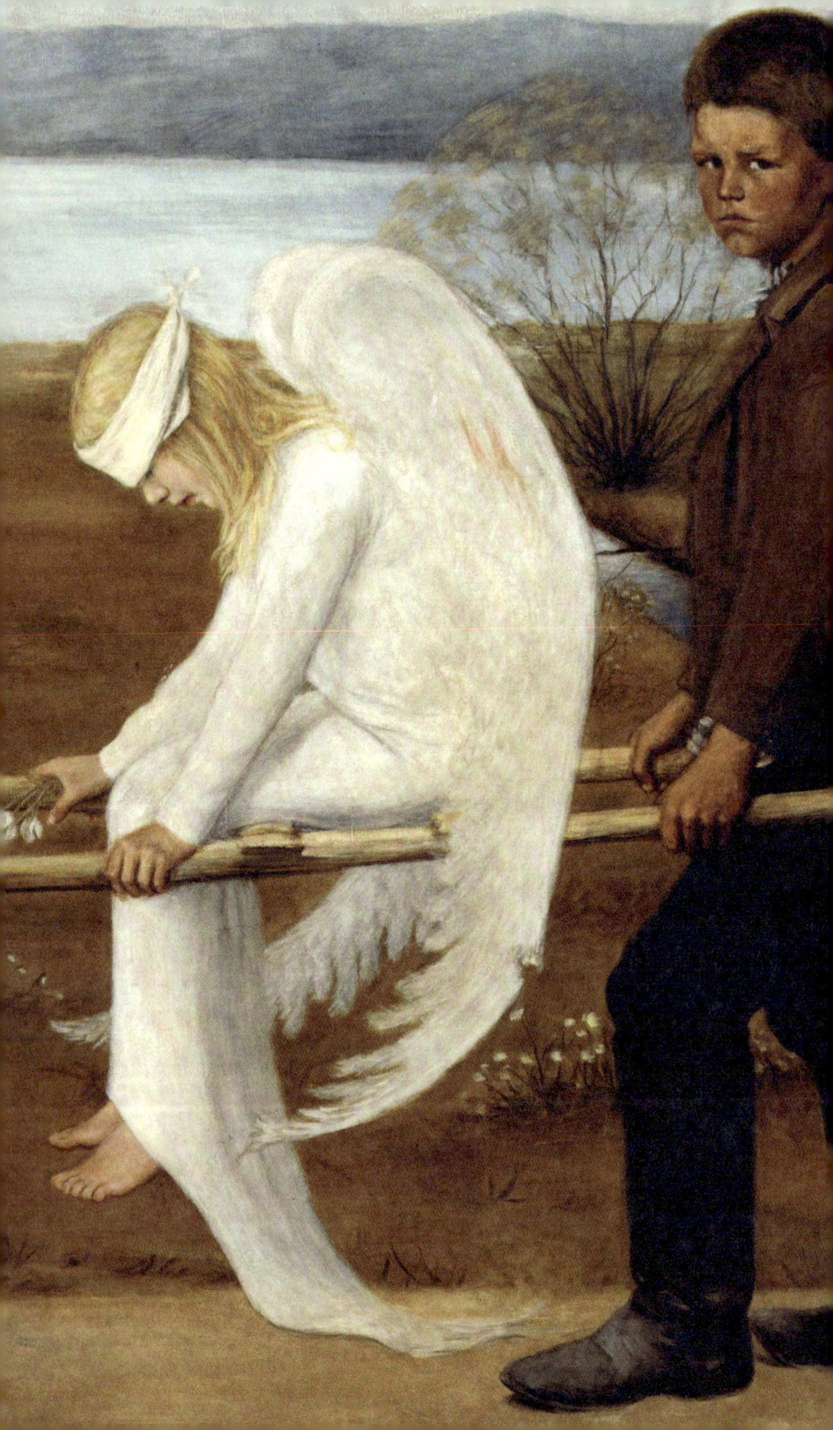

SARAH KIRSCH

Engel

Ich sah einen er kam im Taxi der Vordersitz
War flachgelegt so hatte er Platz
Man hob ihn heraus vor dem kleinen Fischgeschäft
Geleitete ihn in einen geschorenen Garten
Da stand er ernst in der Luft überragte
Die ihn stützten seine Augen erreichte nichts

Die Kleider waren verblasst Goldreste
Überzogen die Brust er war ohne Flügel
Seine Führer lehnten ihn an einen Karren
Blockierten zuvor die Räder damit er
Nicht ins Gleiten käme sich etwa zerschlüge
Ich sah seine Hände sie waren leer
Hatten wohl vorher den Ölzweig getragen oder
Ein Saitenspiel jahrhundertelang

Jetzt war er taxiert unterwegs auf Wohnungssuche
Erst im Antiquitätengeschäft was wird aus ihm wer
Braucht schon einen Engel der so groß ist
Er füllt eine Küche stände
Wo besser ein Kühlschrank steht oder der Tisch mit
Der Brotschneidemaschine, der Ausweg für ihn
Wäre ein Kindergarten wenn der ihn beherbergte
Wer wüchse nicht gern mit einem Engel auf

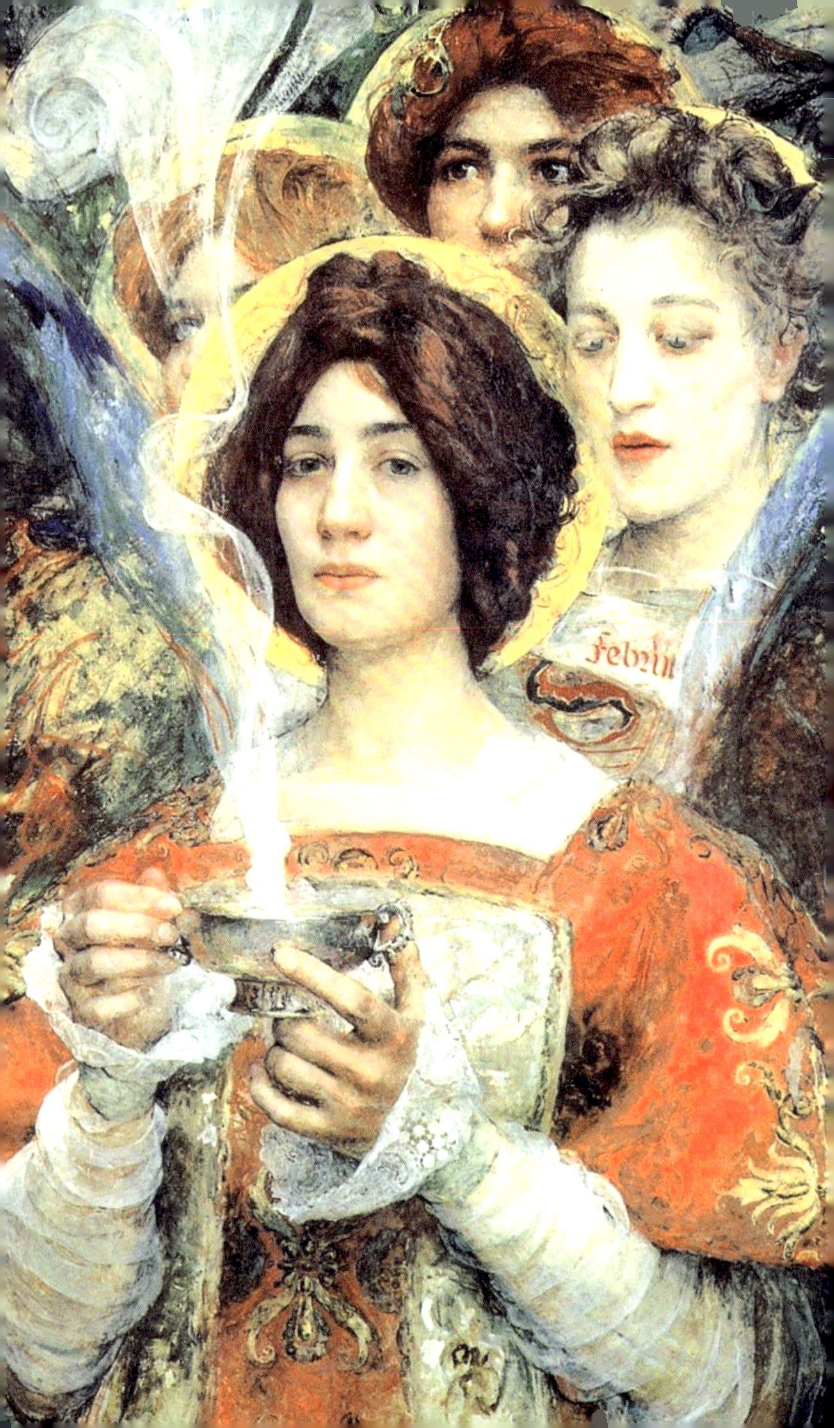

FRIEDRICH RÜCKERT

Die gefallenen Engel

Harut und Marut, die Engel, gingen,
Himmlische Grüße der Welt zu bringen;
Hofften sich, wann sie beschaut die Erde,
Wieder zum Himmel empor zu schwingen;
Denn sie verwahrten das Wort des Lebens,
Welches sie scheidend vom Herrn empfingen.
Wo auf der Erde die beiden zogen,
Saß Anahid und begann zu singen.
Sich vom Gesange die Engel ließen
Fangen in irdischer Liebe Schlingen;
Und um der Liebe Gewährung wollten
Mit Anahid sie, der schönen, ringen.
Doch Anahidis, die schön' und kluge,
Wollte von ihnen sich eins bedingen:
Dass sie ihr sagten das Wort, durch welches
Man sich zum Himmel vermag zu schwingen.
Wie sie sprachen das Wort, entsanken
Ihnen die tragenden Himmelsschwingen.
Doch Anahid mit dem Wort des Lebens
Schwang sich, zum Himmel empor zu dringen;
Und die gefallenen Engel hören
Ihren Gesang aus den Sternen klingen.

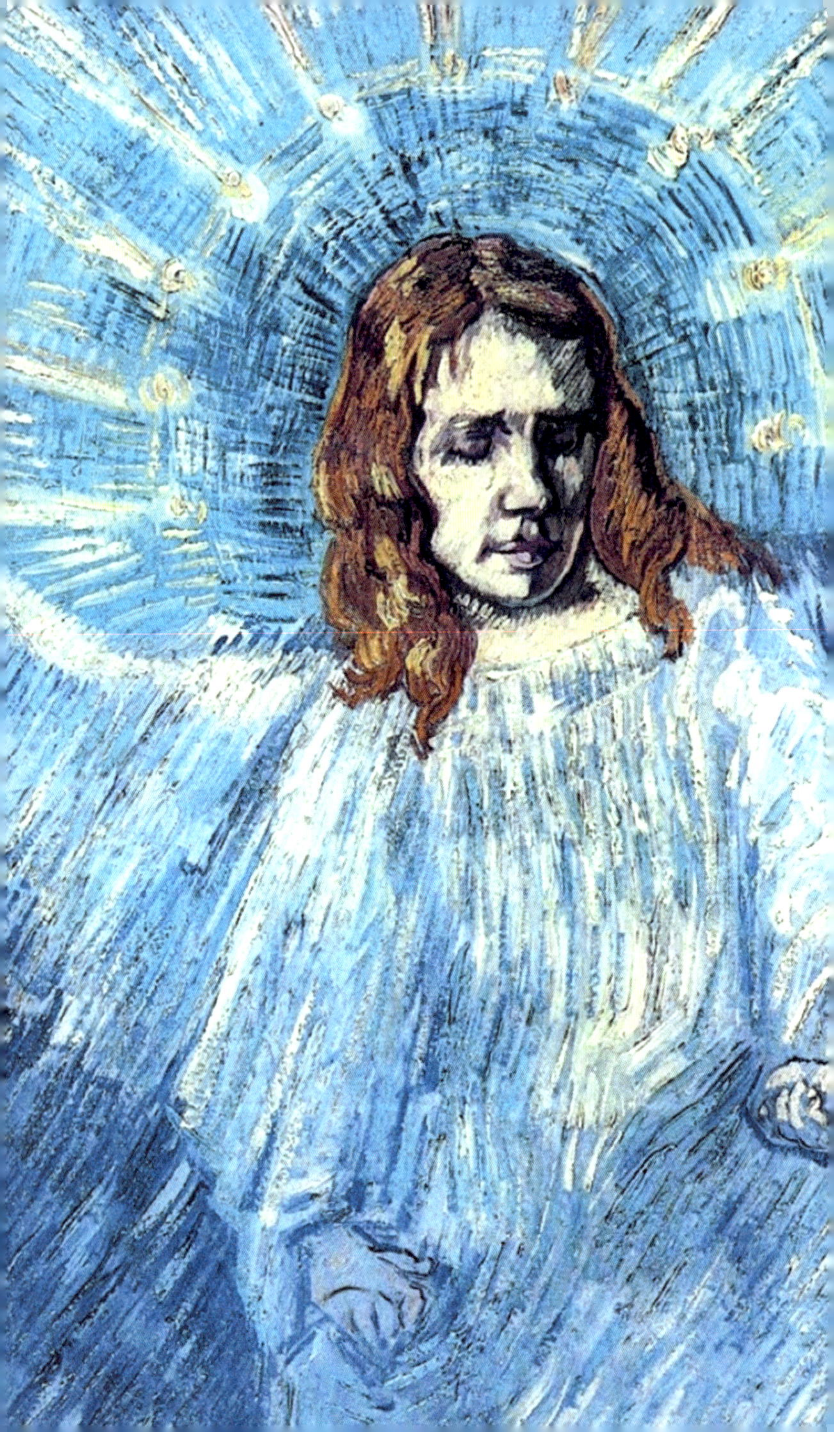

ELSE LASKER-SCHÜLER

Der gefallene Engel

St. Petrus Hille zu eigen

Des Nazareners Lächeln strahlt aus Deinen Mienen,
Und meine Lippen öffnen sich mit Zagen,
Wie gift'ge Blüten, die dem Satan dienen
Und scheu den Lenzwind nach dem Himmel fragen.
Die heiße Sehnsucht hat mich tief gebräunt,
In kühler Not erstarrte meine Seele,
Ein Wetter stählte mein Gewissen!

Es wachsen Sträucher blütenlos auf meinen Wegen
Wie Schatten, die verbot'ne Taten werfen,
Und meine Träume tränkt ein blut'ger Regen
Und reizt mit seinem Schein zum Laster meine Nerven.
Die Unschuld hat an meinem Bett geweint,
Und rang und klagte dann um meine Seele
Und pflanzte Trauerrosen um mein Kissen.

Siehst Du den Kettenring an meinem Finger –
Sein Stein erblindete, sein blaues Scheinen,
Vielleicht verlor ihn mal ein Gottesjünger
Auf seinem Pfade hoch in Felsgesteinen.
Und diese roten, feurigen Granaten
Gab mir ein Königgreis für meine Nächte,
Wie heiße Tropfen auf die Schnur gereiht.

Der Sonnenuntergang erzählt im Westen
Von späten Rosen, die ergrauen müssen
Im Herbste unter morschem Laub und Ästen,
Und nichts vom Sonnenglanz des Sommers wissen,
Als Sünderinnen sterben für die Taten
Der eitelen Natur, die duften möchte
Noch in der späten Winterabendzeit.

Darf ich mit Dir auf weiten Höhen schreiten!
Hand in Hand, Du und ich, wie Kinder ...
Wenn aus dem Abendhimmel wilde Sterne gleiten
Durch's tiefe Blauschwarz, wie verstoß'ne Sünder,
Und scheu in Gärten fallen, die voll Orchideen
Und stummen Blüten steh'n
In gold'nen Hüllen.

Und in den Kronen schlanker Märchenbäume
Harrt meine Unschuld unter Wolkenflor,
Und meine ersten, holden Kinderträume
Erwachen vor dem gold'nen Himmelstor.
Und wenn wir einst ins Land des Schweigens gehen,
Der schönste Engel wird mein Heil erfleh'n
Um Deiner Liebe willen.

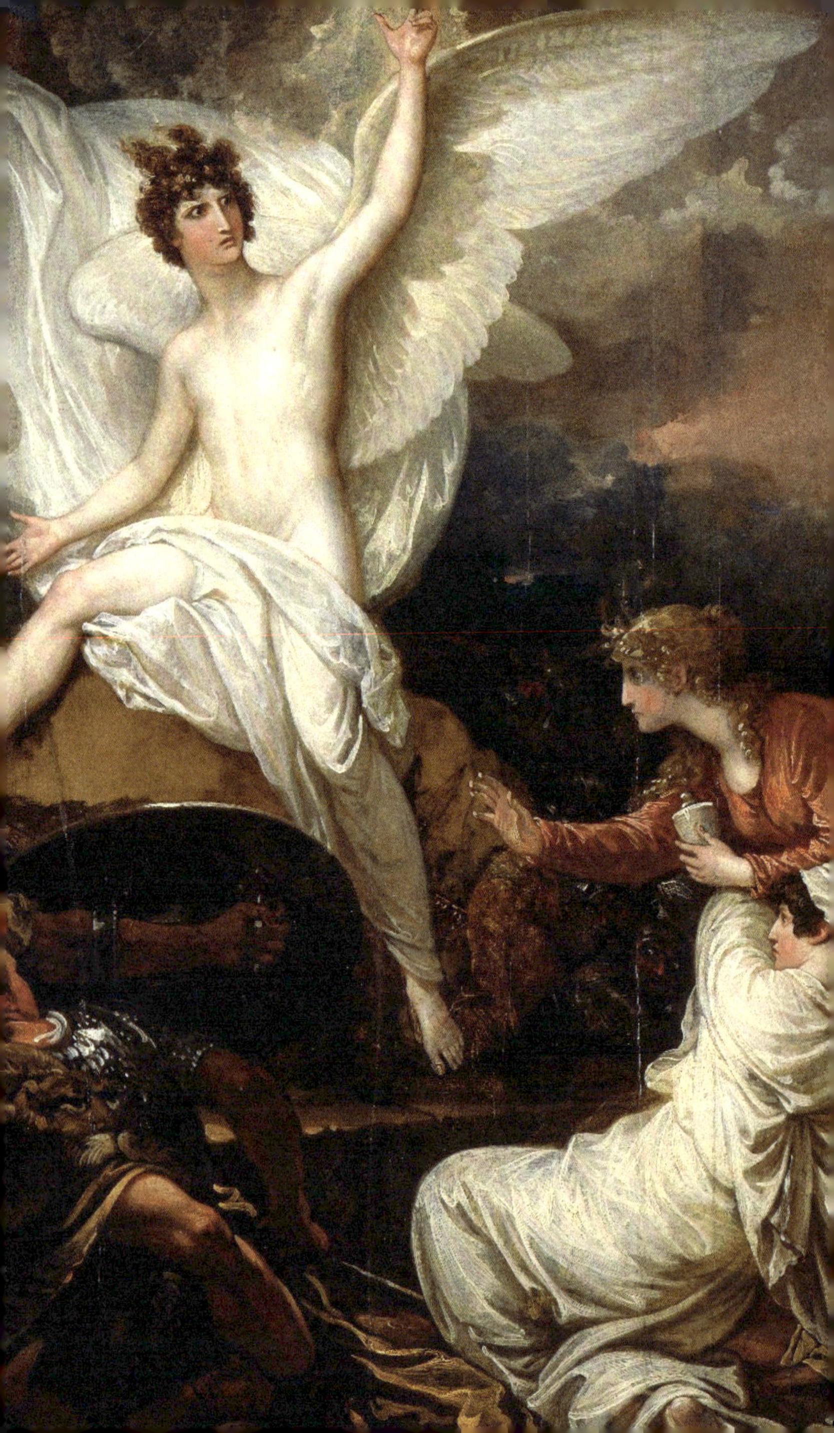

HEINRICH VON KLEIST

Der Engel am Grabe des Herrn

Als still und kalt, mit sieben Todeswunden,
Der Herr in seinem Grabe lag; das Grab,
Als sollt' es zehn lebend'ge Riesen fesseln,
In eine Felskluft schmetternd eingehauen;
Gewälzet, mit der Männer Kraft, verschloss
Ein Sandstein, der Bestechung taub, die Türe;
Rings war des Landvogts Siegel aufgedrückt:
Es hätte der Gedanke selber nicht
Der Höhle unbemerkt entschlüpfen können;
Und gleichwohl noch, als ob zu fürchten sei,
Es könn' auch der Granitblock sich bekehren,
Ging eine Schar von Hütern auf und ab,
Und starrte nach des Siegels Bildern hin:
Da kamen, bei des Morgens Strahl,
Des ew'gen Glaubens voll, die drei Marien her,
Zu sehn, ob Jesus noch darinnen sei:
Denn Er, versprochen hatt' er ihnen,
Er werd' am dritten Tage auferstehn.

BENJAMIN WEST: DER ENGEL AM GRABE CHRISTI

Da nun die Fraun, die gläubigen, sich nahten
Der Grabeshöhle: was erblickten sie?
Die Hüter, die das Grab bewachen sollten,
Gestürzt, das Angesicht in Staub,
Wie Tote, um den Felsen lagen sie;
Der Stein war weit hinweggewälzt vom Eingang;
Und auf dem Rande saß, das Flügelpaar noch regend,
Ein Engel, wie der Blitz erscheint,
Und sein Gewand so weiß wie junger Schnee.
Da stürzten sie, wie Leichen, selbst, getroffen,
Zu Boden hin, und fühlten sich wie Staub,
Und meinten, gleich im Glanze zu vergehn:

Doch er, er sprach, der Cherub: »Fürchtet nicht!
Ihr suchtet Jesum, den Gekreuzigten –
Der aber ist nicht hier, er ist erstanden:
Kommt her, und schaut die öde Stätte an.«
Und fuhr, als sie, mit hocherhobnen Händen,
Sprachlos die Grabesstätte leer erschaut,
In seiner hehren Milde also fort:
»Geht hin, ihr Fraun, und kündigt es nunmehr
Den Jüngern an, die er sich auserkoren,
Dass sie es allen Erdenvölkern lehren,
Und tun also, wie er getan«: und schwand.

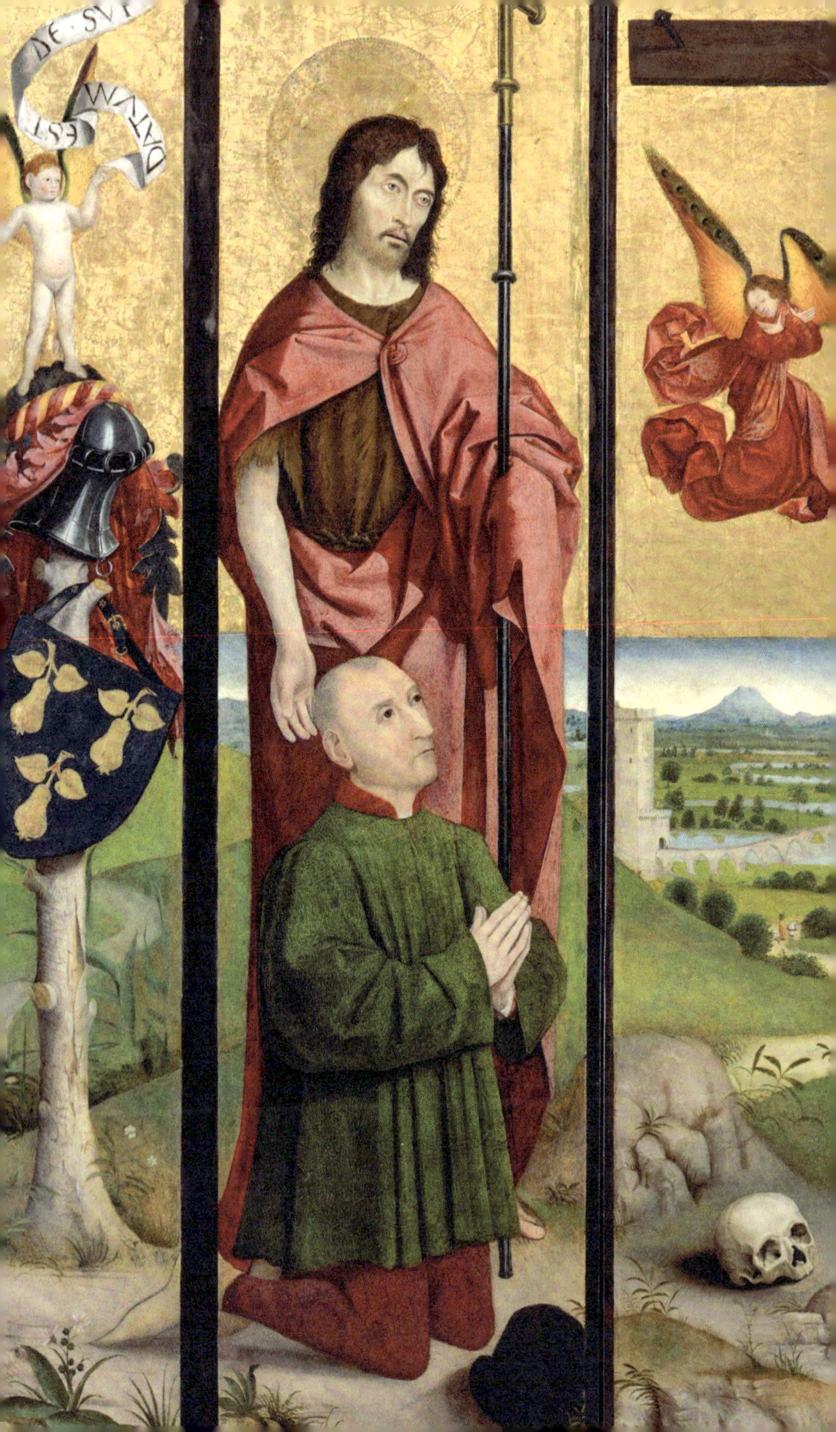
DATVM EST
DE·SV

HEINRICH HEINE

Die Engel

Freilich ein ungläub'ger Thomas
Glaub ich an den Himmel nicht,
Den die Kirchenlehre Romas
Und Jerusalems verspricht.

Doch die Existenz der Engel,
Die bezweifelte ich nie;
Lichtgeschöpfe sonder Mängel,
Hier auf Erden wandeln sie.

Nur, genädge Frau, die Flügel
Sprech ich jenen Wesen ab;
Engel gibt es ohne Flügel,
Wie ich selbst gesehen hab.

Lieblich mit den weißen Händen,
Lieblich mit dem schönen Blick
Schützen sie den Menschen, wenden
Von ihm ab das Missgeschick.

Ihre Huld und ihre Gnaden
Trösten jeden, doch zumeist
Ihn, der doppelt qualbeladen,
Ihn, den man den Dichter heißt.

NICOLAS FROMENT: TEIL DES PÉRUSSIS-ALTARS

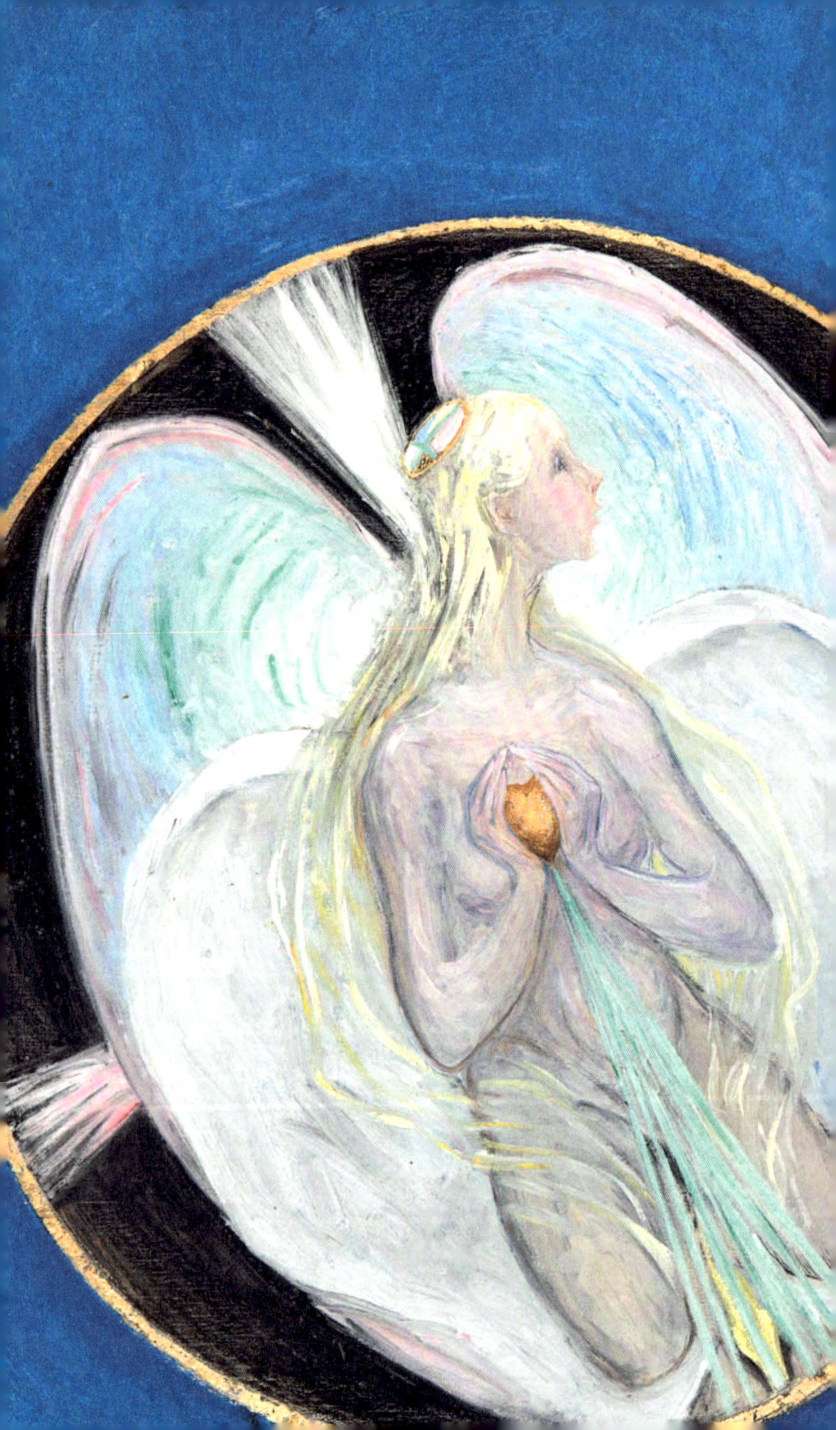

CHRISTIAN MORGENSTERN

Der Engel

O wüsstest du, wie sehr dein Antlitz sich
verändert, wenn du mitten in dem Blick,
dem stillen reinen, der dich mir vereint,
dich innerlich verlierst und von mir kehrst!
Wie eine Landschaft, die noch eben hell,
bewölkt es sich und schließt mich von dir aus.
Dann warte ich. Dann warte schweigend ich
oft lange. Und wär ich ein Mensch wie du,
mich tötete verschmähter Liebe Pein.
So aber gab unendliche Geduld
der Vater mir und unerschütterlich
erwarte ich dich, wann du immer kommst.
Und diesen sanften Vorwurf selber nimm
als Vorwurf nicht, als keusche Botschaft nur.

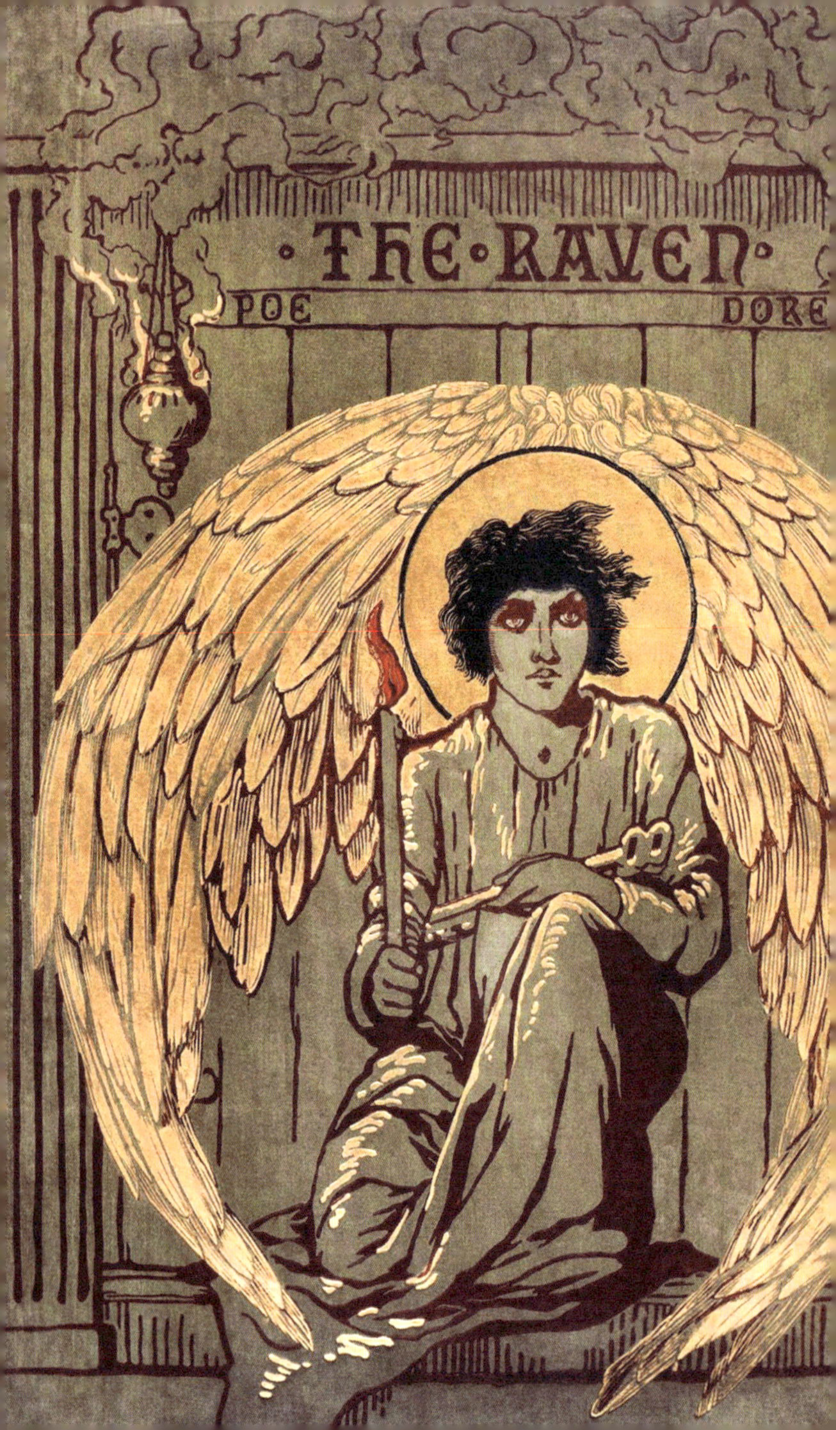
THE RAVEN
POE
DORE

CHARLES BAUDELAIRE

Der Rebell

Wütend stößt ein Engel wie ein Adler nieder,
Fasst den Schopf des Zweiflers mit den Fäusten, roh,
Schüttelt ihn und sagt: »Du lernst die Regel wieder!
(Ich, dein guter Engel, hör!) Ich will es so!

Lieben sollst du, ohne alle die Grimassen,
Arme, Böse, Toren, Krüppel jederzeit,
Dann kannst Jesu du vorüberschreiten lassen
Auf dem stolzen Teppich aus Barmherzigkeit.

So ist Liebe! Eh' dein Herz verhärten kann,
Zünd Ekstase neu an Gottes Glorie an;
Das ist Wollust, die beständigen Reiz verspricht!«

Jener Engel, heftig strafend, wie er liebt,
Dem Verfluchten seine Faust zu spüren gibt;
Aber der Verdammte sagt stets nur: »Ich will nicht!«

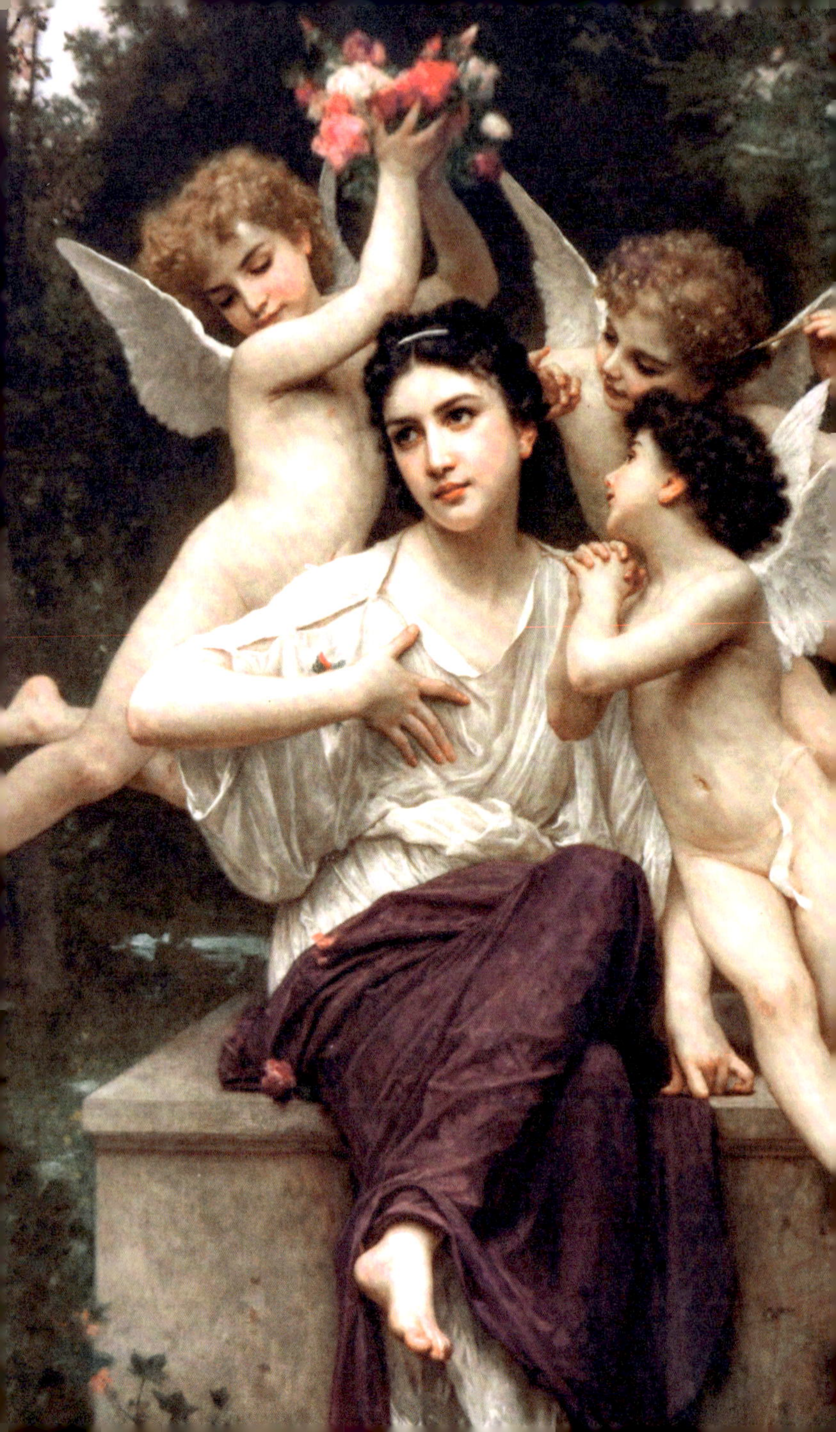

PAUL HEYSE

In der Mondnacht

In der Mondnacht, in der Frühlingsmondnacht
Gehen Engel um auf leisen Sohlen;
Blonde Engel, innig und verstohlen
Küssen sie die schönsten Menschenblumen.

Tausendschönchen, allerliebste Blume,
Weiß es wohl, woher der Schimmer stammet,
Die dir heut das Antlitz überflammet:
Bist noch in den Traum der Nacht verloren.

Denkst der Engel, die durchs kleine Fenster
Sich auf Mondesstrahlen zu dir schwangen,
Leise dir zu küssen Mund und Wangen
In der Mondnacht, in der Frühlingsmondnacht.

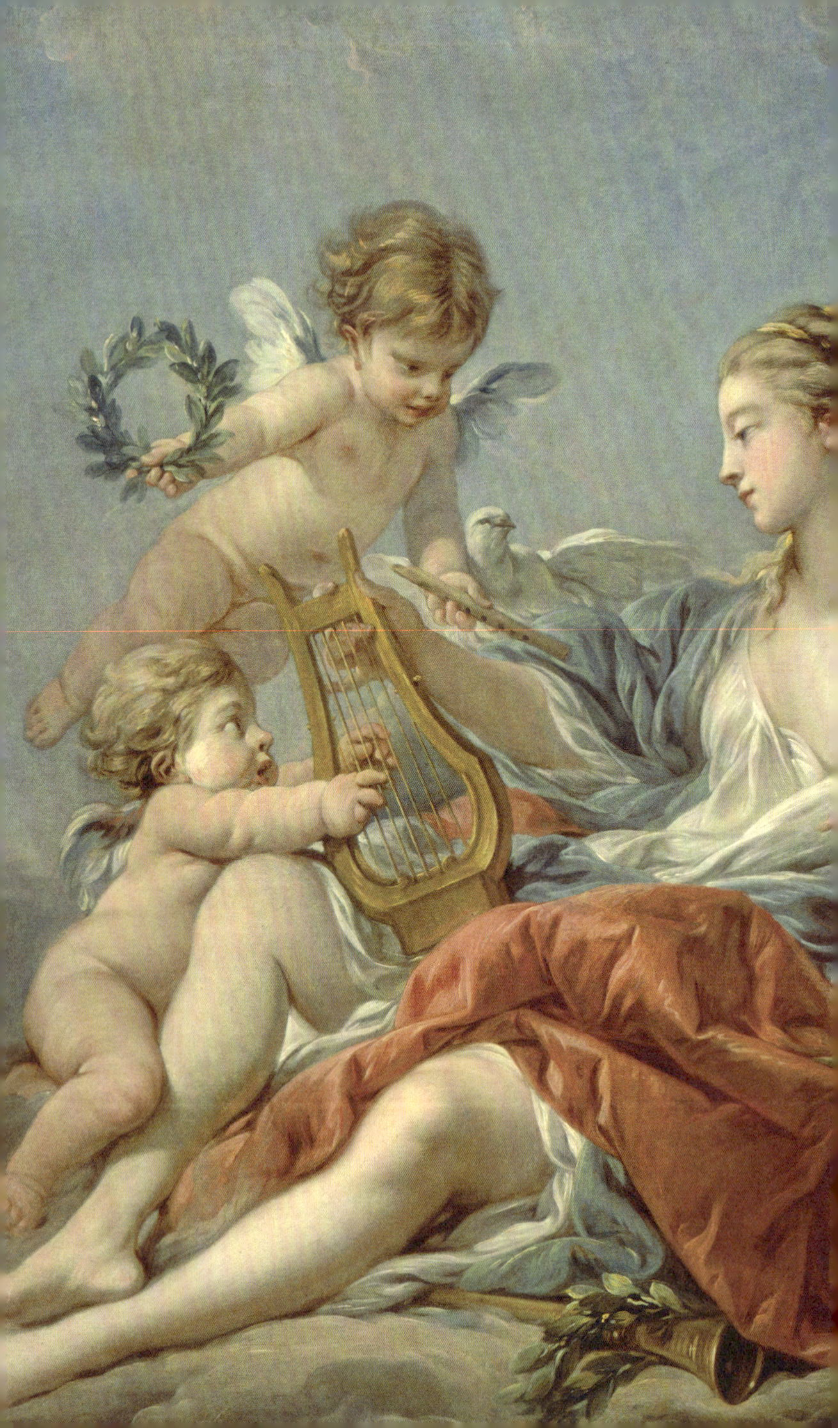

KARL STRECKFUSS

Engels-Töne

»Regen nicht tönend hell
Englein die Flügel?«
’s ist nur der muntre Quell,
Rieselnd vom Hügel.

»Horch, doch ein Engel ruft:
Lieb’ und Vertrauen!«
’s ist nur die Maienluft,
Fächelnd die Auen.

»Nein, horch den Engel-Schall:
Sehnsucht und Glaube!«
’s ist nur die Nachtigall,
Singend im Laube.

Nachtigall, Luft und Quell
Beim süßen Schalle
Fühl ich im Herzen hell:
Englein ihr Alle!

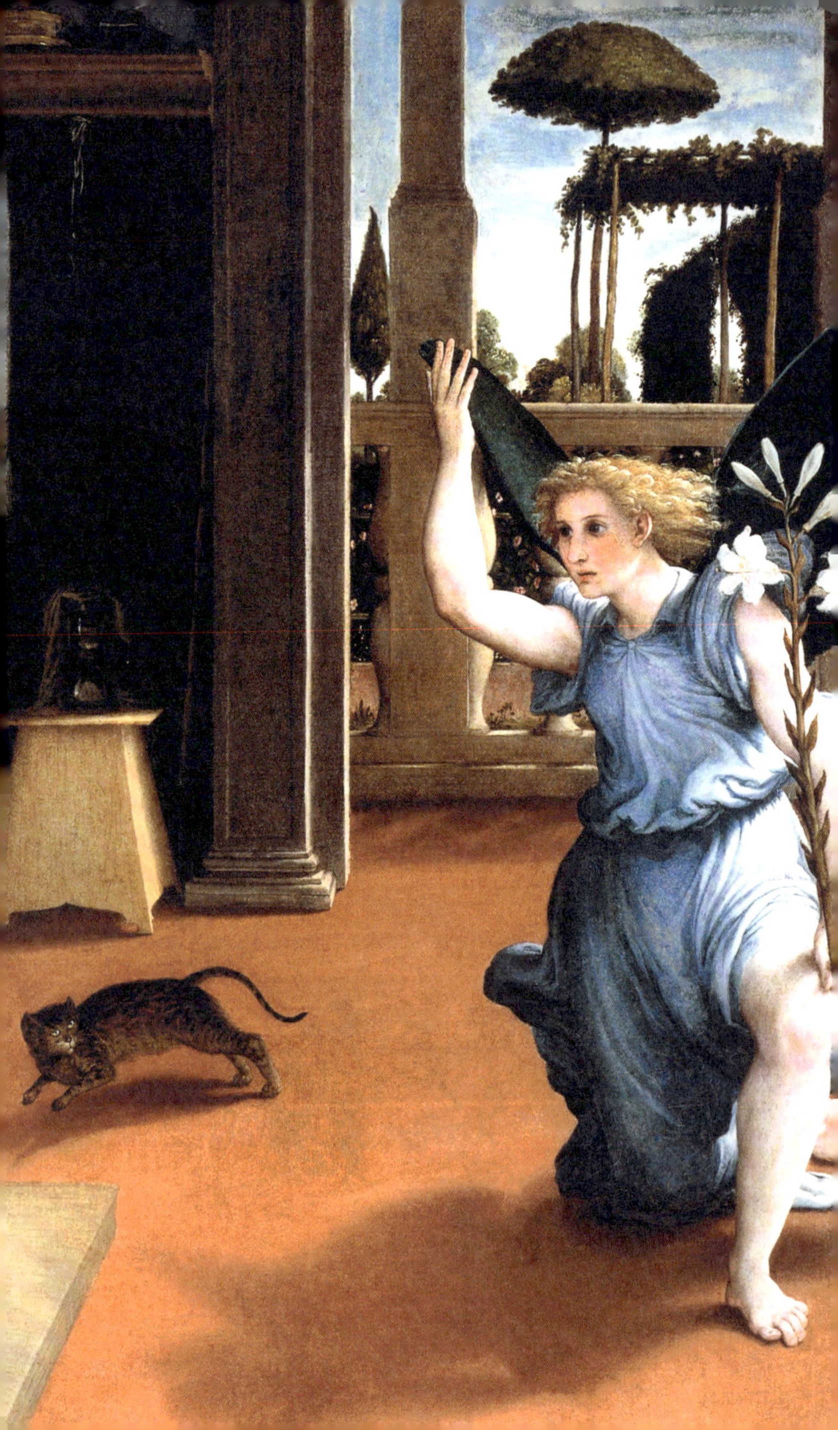

PETER HILLE

Raphael

O komm leise, leise komm,
Lass das Licht und sieh, wie fromm
Da liegt es, Atem steigt
Als Gebet noch, Lippe schweigt
Schläft in lieber Heimlichkeit.
Hin nun weiht
Dir sich hin sein ganzes Leben.
Du hörst die fromme Seele beben.
Nun kannst du ihr den Segen geben
Für die Nacht.
Gute Nacht!

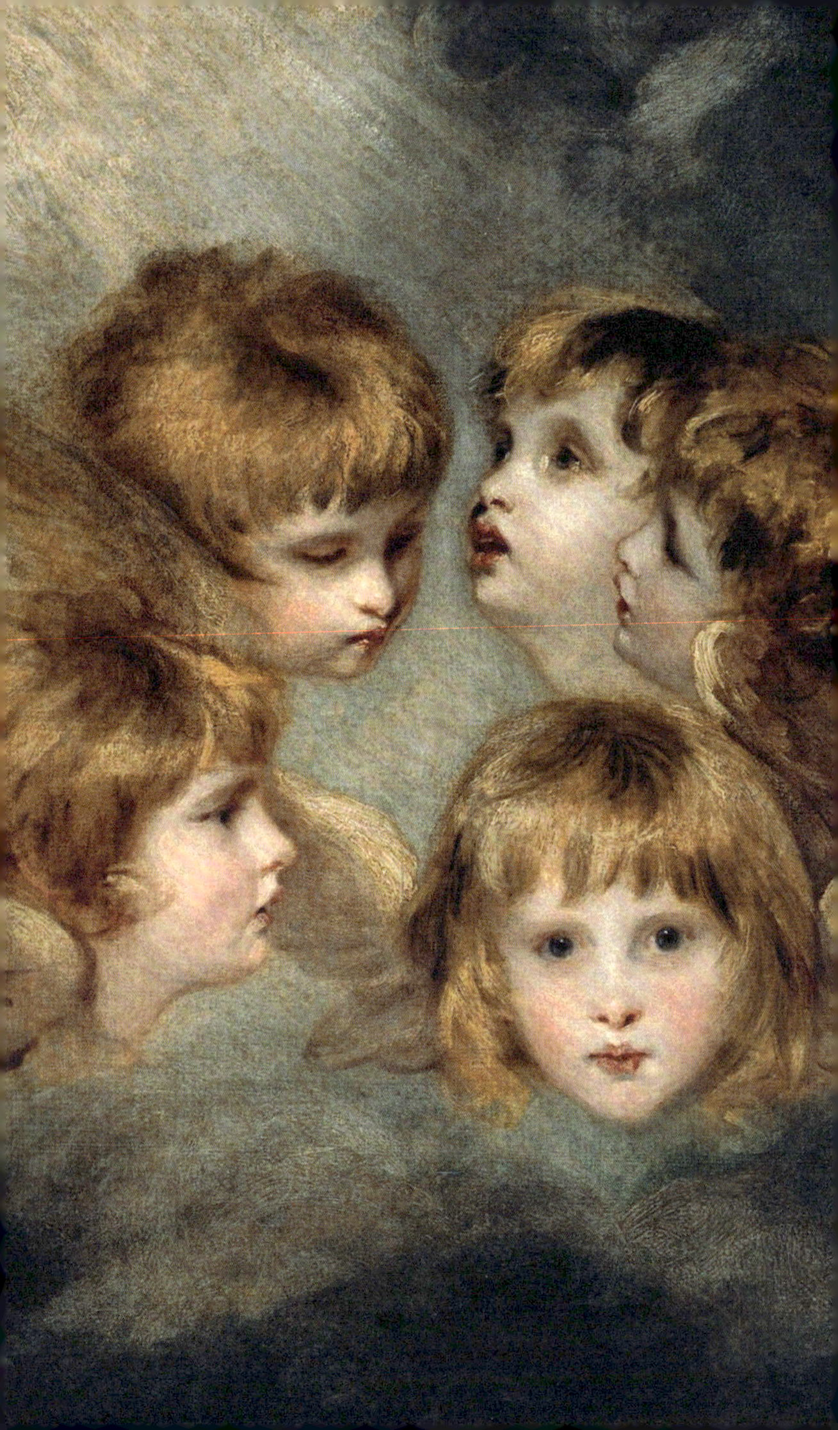

JOSEPH VON EICHENDORFF

Gottes Segen

JOSHUA REYNOLDS: KÖPFE VON ENGELN: MISS FRANCES GORDON

Das Kind ruht aus vom Spielen,
Am Fenster rauscht die Nacht,
Die Engel Gotts im Kühlen
Getreulich halten Wacht.

Am Bettlein still sie stehen,
Der Morgen graut noch kaum.
Sie küssen's, eh' sie gehen,
Das Kindlein lacht im Traum.

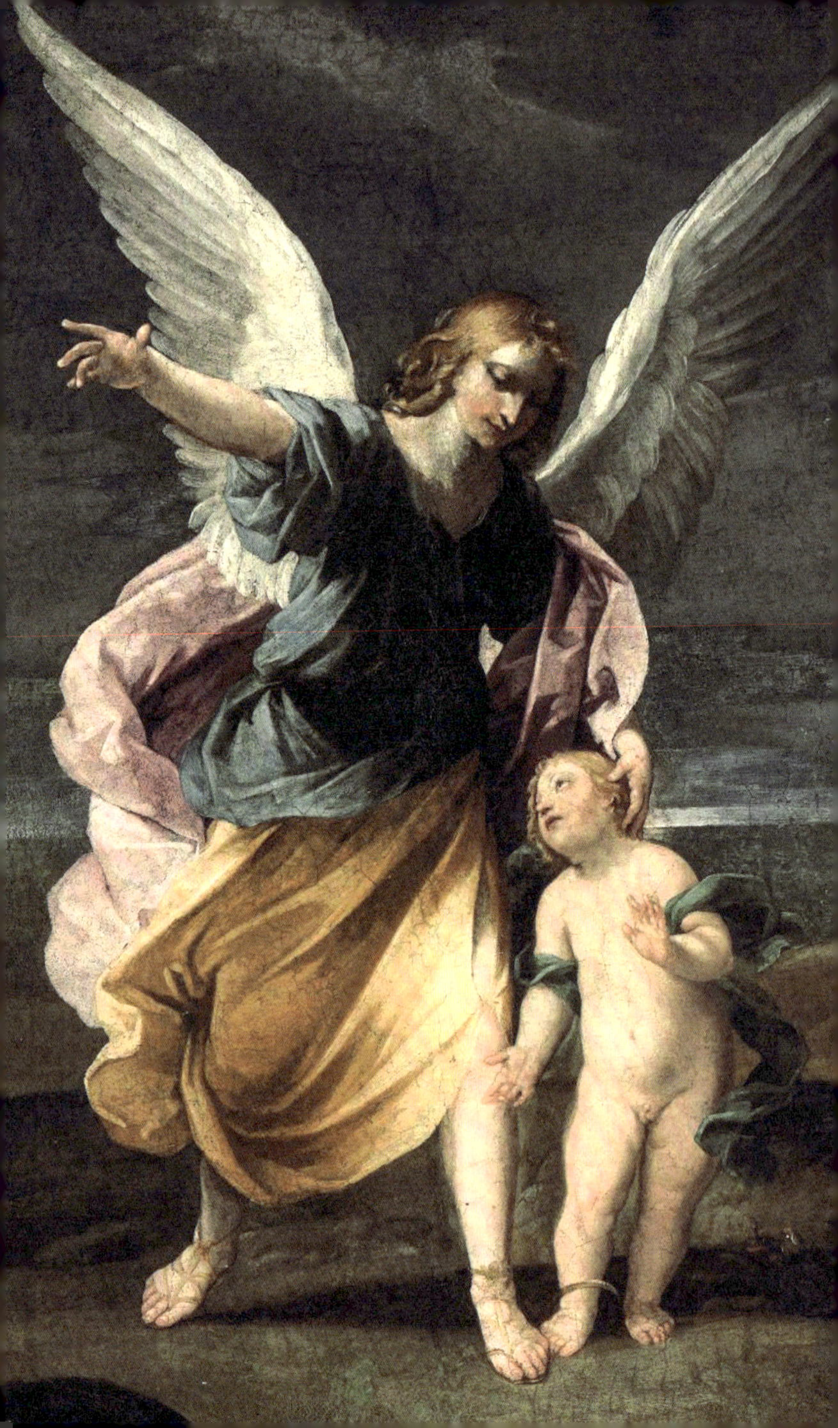

CLEMENS BRENTANO

Kindergebet

Guten Abend, gute Nacht,
Von Sternen bedacht,
Vom Mond angelacht,
Von Engeln bewacht,
Den Blumen umbaut,
Von Rosen beschaut,
Von Lilien betaut,
Von Veilchen vertraut;
Schlupf' unter die Deck'
Dich reck' und dich streck'
Schlaf fromm und schlaf still,
Wenn's Herrgottchen will,
Früh Morgen ohn' Sorgen
Das Schwälbchen dich weck'!

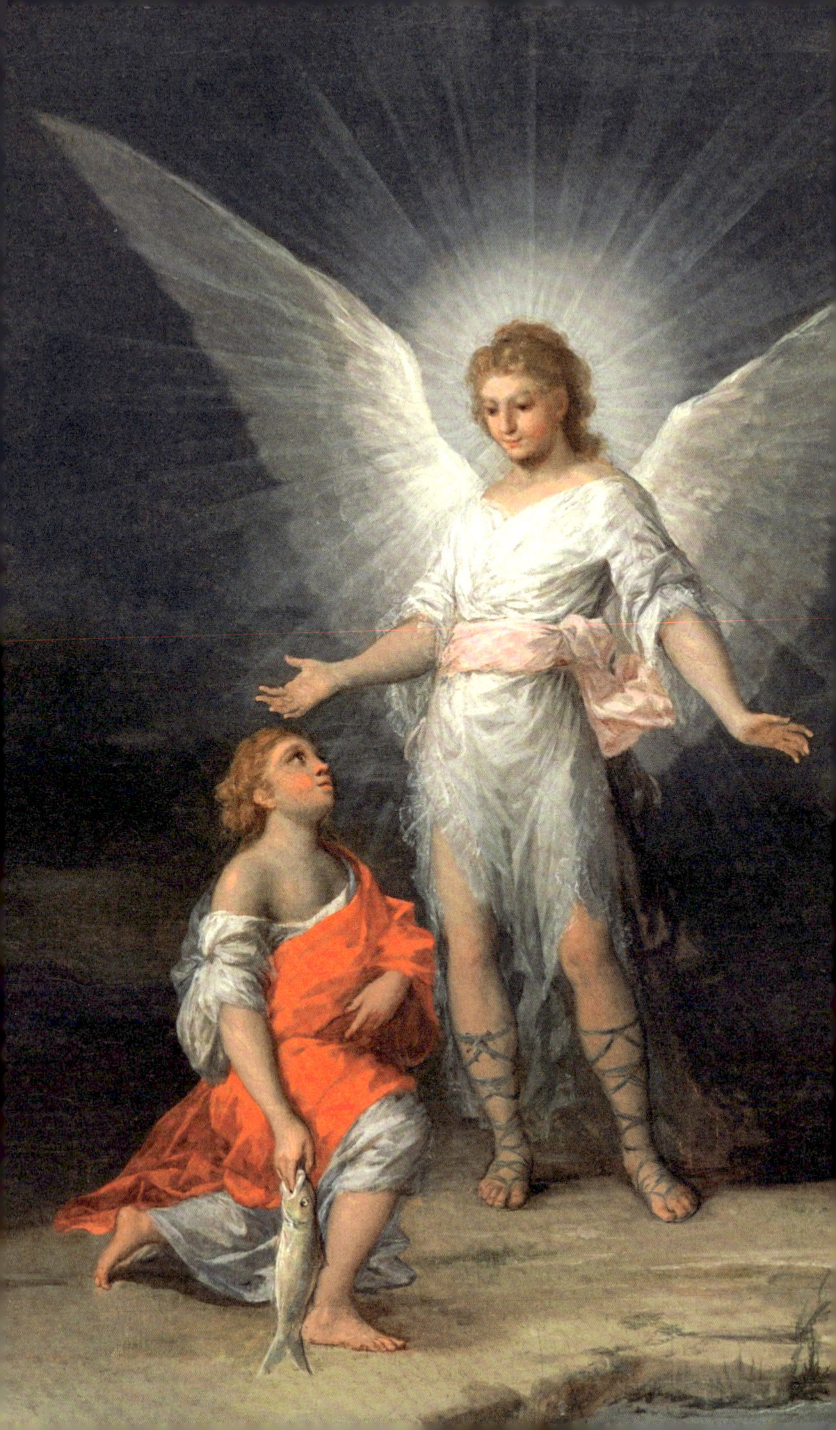

ANONYM

Abendgebet

Abends wenn ich schlafen geh,
Vierzehn Engel bei mir stehn,
Zwei zu meiner Rechten,
Zwei zu meiner Linken,
Zwei zu meinen Häupten,
Zwei zu meinen Füßen,
Zwei die mich decken,
Zwei die mich wecken,
Zwei die mich weisen
In das himmlische Paradeischen.

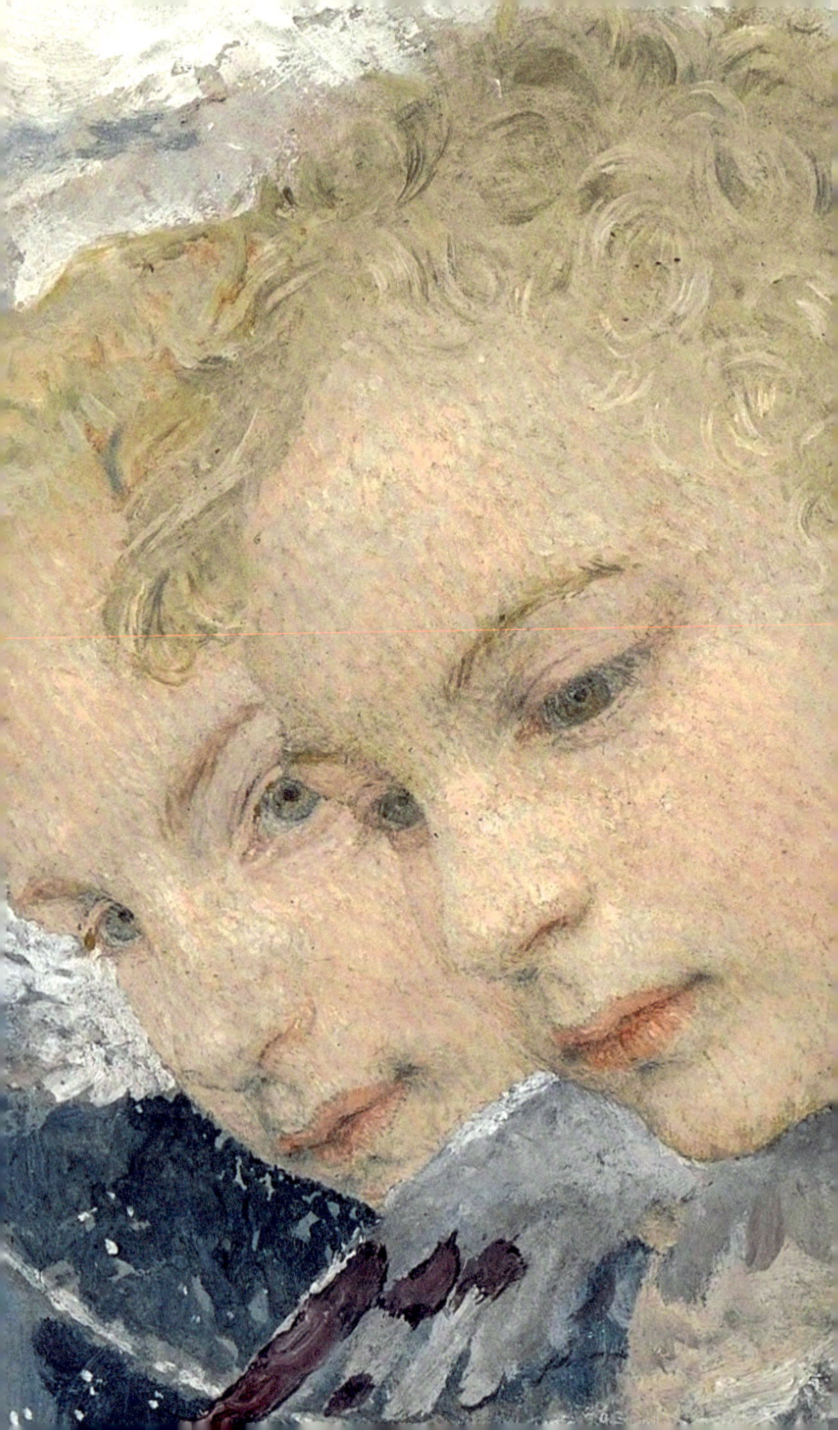

Engel, die Gott zugesehn
Sonn' und Mond und Sterne bauen,
Sprachen: Herr, es ist auch schön,
Mit dem Kind ins Nest zu schauen.

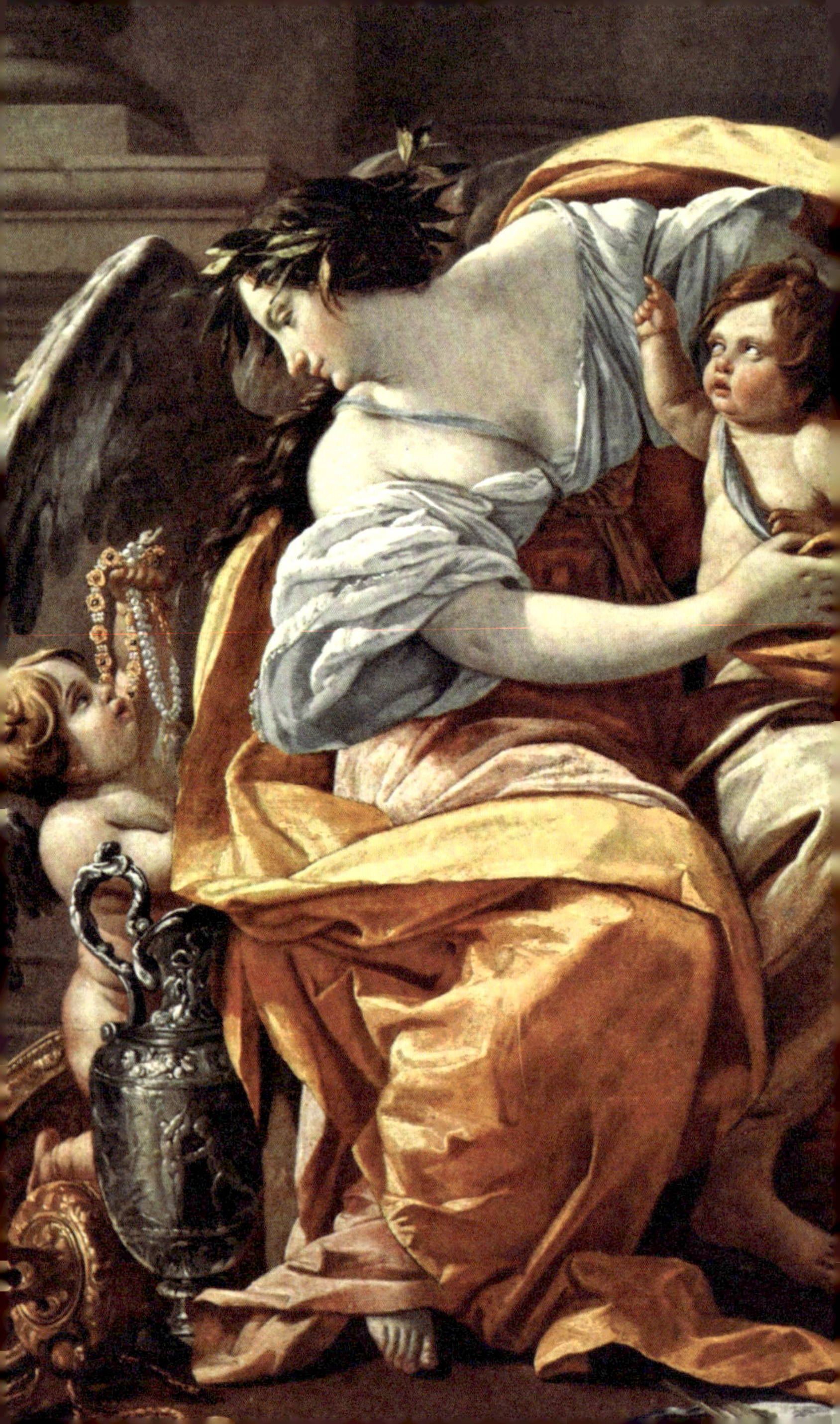

JOSEPH VON EICHENDORFF

Glückwunsch

Brech' der lustige Sonnenschein
Mit der Tür euch in's Haus hinein,
Dass alle Stuben so frühlingshelle;
Ein Engel auf des Hauses Schwelle
Mit seinem Glanze säume
Hof, Garten, Feld und Bäume,
Und geht die Sonne Abends aus,
Führ' er die Müden mild nach Haus!

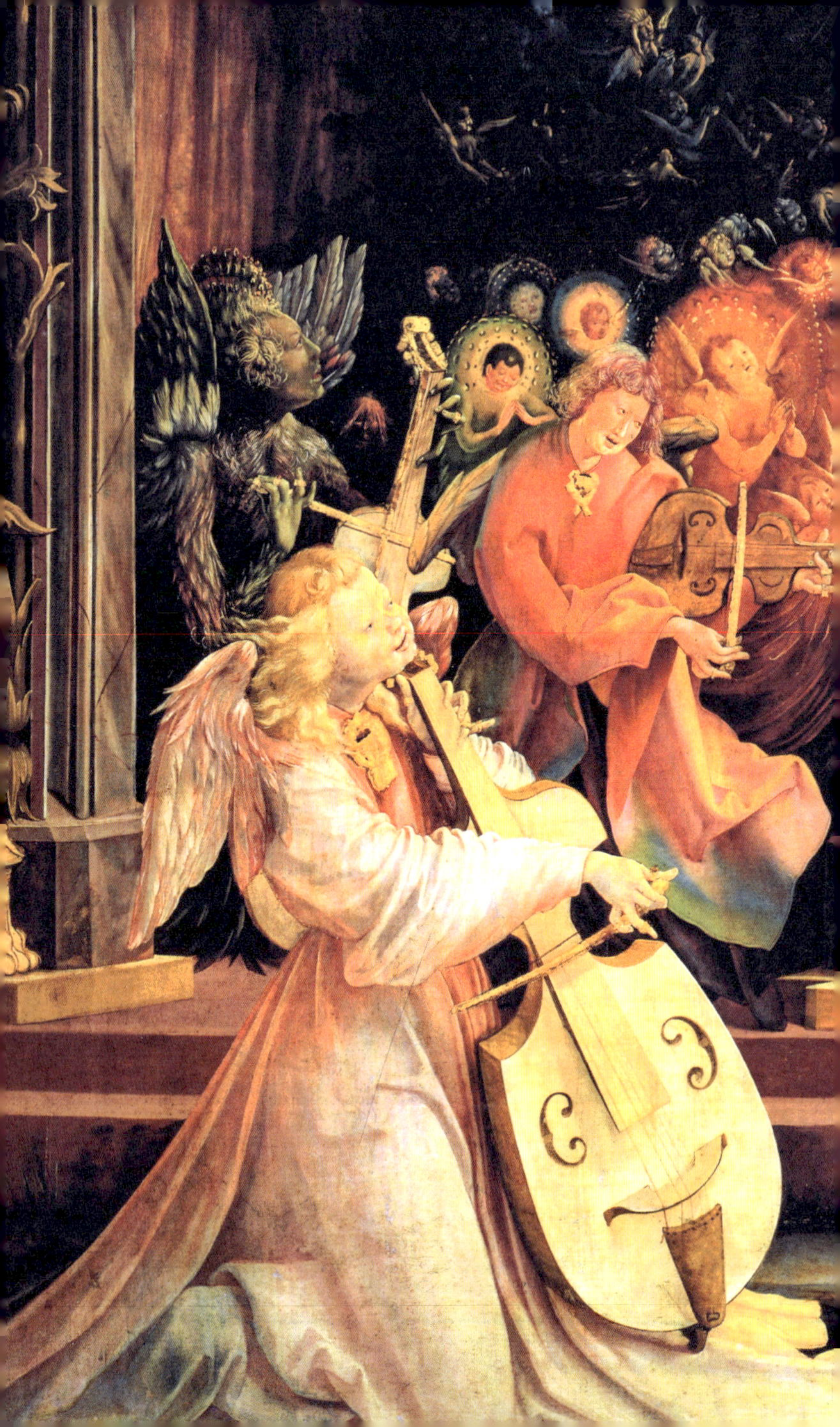

EDUARD MÖRIKE

Zum neuen Jahr

Wie heimlicher Weise
Ein Engelein leise
Mit rosigen Füßen
Die Erde betritt,
So nahte der Morgen.
Jauchzt ihm, ihr Frommen,
Ein heilig Willkommen,
Ein heilig Willkommen!
Herz, jauchze du mit!

In Ihm sei's begonnen,
Der Monde und Sonnen
An blauen Gezelten
Des Himmels bewegt.
Du, Vater, du rate!
Lenke du und wende!
Herr, dir in die Hände
Sei Anfang und Ende,
Sei alles gelegt!

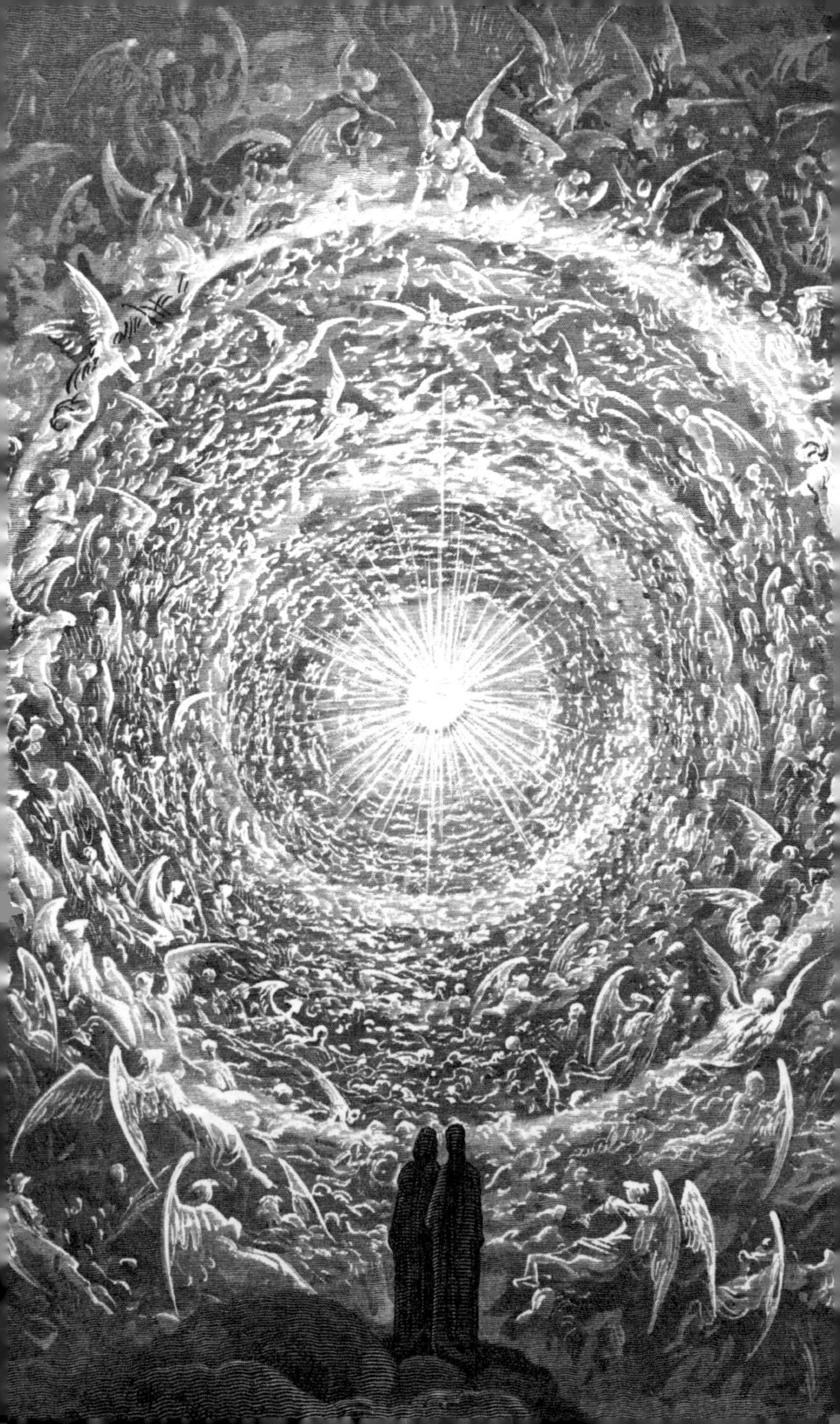

Von guten Mächten treu und still umgeben
behütet und getröstet wunderbar, –
so will ich diese Tage mit euch leben
und mit euch gehen in ein neues Jahr;

noch will das alte unsre Herzen quälen
noch drückt uns böser Tage schwere Last,
Ach Herr, gib unsern aufgeschreckten Seelen
das Heil, für das Du uns geschaffen hast.

Und reichst Du uns den schweren Kelch, den bittern,
des Leids, gefüllt bis an den höchsten Rand,
so nehmen wir ihn dankbar ohne Zittern
aus Deiner guten und geliebten Hand.

112

Doch willst Du uns noch einmal Freude schenken
an dieser Welt und ihrer Sonne Glanz,
dann woll'n wir des Vergangenen gedenken,
und dann gehört Dir unser Leben ganz.

Lass warm und hell die Kerzen heute flammen
die Du in unsre Dunkelheit gebracht,
führ, wenn es sein kann, wieder uns zusammen!
Wir wissen es, Dein Licht scheint in der Nacht.

Wenn sich die Stille nun tief um uns breitet
so lass uns hören jenen vollen Klang
der Welt, die unsichtbar sich um uns weitet,
all Deiner Kinder hohen Lobgesang.

Von guten Mächten wunderbar geborgen
erwarten wir getrost, was kommen mag.
Gott ist bei uns am Abend und am Morgen,
und ganz gewiss an jedem neuen Tag.

FRIEDERIKE WIENEFELD

Nachwort

Schon die Religionen des Alten Orients kannten geflügelte Wesen, die der Gottheit unterstanden und als Mittler zu den Menschen fungierten, in der griechischen Mythologie ist der Götterbote Hermes (von dessen Namen sich sowohl der Begriff »hermetisch« als auch die Hermeneutik ableiten) unter anderem der Überbringer der Träume. In der Bibel kommen schon im 1. Buch Mose Engel als Boten Gottes vor – und diese Funktion steckt auch in ihrem Namen: *Engel* ist abgeleitet vom lateinischen *angelus*, nach griechisch *angelos*, was wiederum die Übersetzung des hebräischen *mal'ach* ist. Alle bedeuten ›Bote‹, ›Abgesandter‹.

Nur drei Engel werden in der Bibel namentlich genannt: Gabriel, der vor allem in der Weihnachtsgeschichte eine wichtige Rolle spielt, Michael, der Bezwinger des Bösen sowie Patron der katholischen Kirche, und Raphael, der Begleiter des Tobias im Buch Tobit. Die Bibel nennt auch schon die Cherubim (die den Menschen den Weg zurück in den Garten Eden versperren) und die sechsflügeligen

Seraphim. Die Theologen des Mittelalters haben es dann unternommen, die Engelsscharen hierarchisch zu gliedern und ihnen eine feste Ordnung zu geben: neun Engelschöre, an deren Spitze die Seraphim und die Cherubim stehen, während die Erzengel den achten Rang einnehmen und die gewöhnlichen Engel den neunten, womit sie den Menschen am nächsten sind.

So finden wir auch bei Hildegard von Bingen, aus deren bekanntestem Werk *Scivias* (»Wisse die Wege«, um 1151, eine Beschreibung ihrer Visionen) das erste der hier abgedruckten Gedichte stammt, die Vorstellung der neun Engelschöre. Hildegard nennt sie alle in der Reihenfolge: die gewöhnlichen Engel, wie erwähnt auf der untersten Stufe, die Erzengel, die Kräfte und Mächte, Fürstentümer, Herrschaften und Throne, und zuoberst die Cherubim und darüber die Seraphim. Die daneben stehende Miniatur aus der Handschrift gibt diese Rangordnung wieder. – Dante Alighieri hat im 28. Gesang des *Paradieses* (um 1320) der Lehre von den Neun Chören der Engel eine literarische Form gegeben.

Von der Vorstellung der Engel, die Gottes Willen kundtun, ist es nicht weit zu dem Gedanken, dass Engel bei Gott Fürbitte einlegen und dem Menschen Schutz und Zuflucht bieten. Schon im 2. Buch Mose heißt es: »Siehe, ich sende einen Engel vor dir her, der dich behüte auf dem Wege und bringe dich an den Ort, den ich bereitet habe. Darum hüte dich vor seinem Angesicht und gehorche seiner Stimme und erbittere ihn nicht; denn er wird euer Übertreten nicht vergeben, und mein Name ist in ihm.« Und in Psalm 91: »Denn der Herr ist deine Zuversicht; der Höchste ist deine Zuflucht. Es wird dir kein Übel begegnen, und keine Plage wird zu deiner Hütte sich nahen. Denn er hat seinen Engeln befohlen über dir, dass sie dich behüten auf allen deinen Wegen, dass sie dich auf Händen tragen und du deinen Fuß nicht an einen Stein stoßest.«

Die Kirchenväter, also die christlichen Autoren der frühen Jahrhunderte, lehrten, dass jeder und jedem Gläubigen ein Engel zugeordnet sei – und damit sind wir bei den Schutzengeln, die in den Gedichten dieses Bandes einen breiten Raum einnehmen. Die Engel stehen den Menschen am nächsten, sind greifbarer als Gott, zugänglicher und in ihrer Gestalt ohnehin dem Menschen ähnlich. Schließlich können sie ja auch eine menschliche Gestalt annehmen, wie Raphael es bei Tobias tat. Und das führt zu der Vorstellung, dass in jedem Menschen ein Engel stecken kann – kein schlechter Gedanke.

Begegnet bin ich ›meinen‹ Engeln zum ersten Mal im Schlafzimmer meiner Großeltern – beider Großeltern, denn über beiden Ehebetten hingen die in den fünfziger Jahren des vergangenen Jahrhunderts noch weit verbreiteten Schutzengelbilder: breitformatige Farbgemälde, die immer wieder das gleiche Motiv hatten. Ich erinnere mich an eine freundliche, offensichtlich weibliche Gestalt im wallenden weißen Gewand und mit prächtigen Flügeln, die zwei Kinder auf einem schmalen Steg sicher über einen tosenden Bach geleitet. Der 1866 entwickelte Öldruck hatte es möglich gemacht, diese Gemälde in hoher Qualität zu vervielfältigen, ab 1920 wurden sie ungemein populär und von reisenden Händlern in großen Stückzahlen verkauft (populär sind sie noch heute in den USA).

Einige Engel, die mich besonders angesprochen haben, sollen noch erwähnt werden: Der Engelspfeiler im Straßburger Münster zeigt im mittleren Teil über den Evangelisten vier anmutige Posaunenengel, die ihre Köpfe in die vier Himmelsrichtungen neigen. Und hoch oben auf dem Dach von Notre-Dame in Paris, zwischen den Türmen, stand bis 2019 ein einsamer Engel, der ebenfalls die Posaune bläst. Er ist kurz vor dem Brand der Kirche abgebaut worden. Diese Posaunen- oder Gerichtsengel kündigen das Jüngste Gericht an, in der Straßburger Darstellung aus der Mitte des 13. Jahrhunderts allerdings nicht mehr, wie zuvor üblich, mit all seinen Schrecken und Strafen, sondern als Verkünder der Gnade Gottes. Schließlich ist da noch der Engel Clarence aus dem Film *Ist das Leben nicht schön?* (*It's a Wonderful Life*, 1946) von Frank Capra, einem der besten Filme aller Zeiten. Clarence gelingt es, dem von James Stewart gespielten George Bailey, der sich in der Weihnachtsnacht aus Verzweiflung von einer Brücke stürzen will, seinen Lebensmut wiederzugeben – und er verdient sich dadurch endlich seine Flügel.

VERZEICHNIS DER AUTOREN, GEDICHTE UND DRUCKVORLAGEN

RICHARD DEHMEL (1873–1920)
63 *Ein Engel*
R. D.: Gesammelte Werke. Bd. 6. Berlin: Fischer, 1908.

EMILY DICKINSON (1830–1886)
33 *Engel, in der Morgenfrühe*
E. D.: Sämtliche Gedichte. Hrsg., übers. und mit einem Nachw. von Gunhild Kübler. München: Hanser, 2015. – © 2015 Hanser Verlag GmbH & Co. KG, München.

JOSEPH VON EICHENDORFF (1788–1857)
99 *Gottes Segen*
107 *Glückwunsch*
J. von E.: Werke. Hrsg. von Wolfdietrich Rasch. Bd. 1. München: Hanser, 1970.

EMANUEL GEIBEL (1815–1884)
51 *Die beiden Engel*
E. G.: Gedichte. Zweiundsiebzigste Auflage. Stuttgart: Cotta, 1873.

YVAN GOLL (1891–1950)
35 *Der Engel*
Y. G.: Die Lyrik. Hrsg. von Barbara Glauert-Hesse. Berlin: Argon Verlag, 1996. – © Wallstein Verlag, Göttingen.

HEINRICH HEINE (1797–1856)
87 *Die Engel*
H. H.: Sämtliche Gedichte. Kommentierte Ausgabe. Hrsg. von Bernd Kortländer. Stuttgart: Reclam, 1997. (UB 18394.)

NATALIE VON HERDER (1802–1871)
55 *Die Federn*
N. von H.: Gedichte. Weimar: Jansen, 1853.

PAUL HEYSE (1830–1914)
93 *In der Mondnacht*
P. H.: Der Jungbrunnen. Neue Märchen von einem fahrenden Schüler. Berlin: Duncker, 1850.

HILDEGARD VON BINGEN (1098–1179)

13 *An die Engel*

H. v. B.: Wisse die Wege. Scivias. Nach dem Originaltext […] ins Deutsche übertr. und bearb. von Maura Böckeler. Salzburg: Müller, [3]1955.

PETER HILLE (1854–1904)

97 *Raphael*

P. H.: Gesammelte Werke. Berlin: Schuster & Loeffler, 1916.

MASCHA KALÉKO (1907–1977)

19 *An meinen Schutzengel*

M. K.: In meinen Träumen läutet es Sturm. Gedichte und Epigramme aus dem Nachlaß. Hrsg. und mit einer Einl. von Gisela Zoch-Westphal. München: Deutscher Taschenbuch Verlag, 1977. – Mit freundlicher Genehmigung von dtv Verlagsgesellschaft mbh & Co. KG.

JUSTINUS KERNER (1786–1862)

47 *Alte Laute*

J. K.: Werke. Bd. 1. Hrsg. von Raimund Pissin. Berlin: Bong, 1914.

SARAH KIRSCH (1935–2013)

73 *Engel*

S. K.: Sämtliche Gedichte.
München: Deutsche Verlags-Anstalt, 2005. – © 2005, Deutsche Verlagsanstalt, München, in der Verlagsgruppe Random House GmbH.

HEINRICH VON KLEIST (1777–1811)

83 *Der Engel am Grabe des Herrn*

H. von K.: Sämtliche Werke und Briefe. Bd. 1. Hrsg. von Helmut Sembdner. München: Hanser, 1977.

GERTRUD KOLMAR (1894–1943)

37 *Der Engel im Walde*

G. K.: Weibliches Bildnis. Sämtliche Gedichte. München: Deutscher Taschenbuch Verlag, 1987.

ELSE LASKER-SCHÜLER (1869–1945)

67 *Meine Mutter*

71 *In den höheren Regionen*

79 *Der gefallene Engel*

E. L.-S.: Die Gedichte. Hrsg. und komm. von Gabriele Sander. Stuttgart: Reclam, 2016.

JOHN MILTON (1608–1674)

17 *Sprecht, Engel, die ihr es am besten wisst*

J. M.: Das verlorene Paradies. Aus dem Englischen übertr. und hrsg. von Hans Heinrich Meier. Durchgesehene Ausgabe. Stuttgart: Reclam, 2008. (UB 2191.)

CHRISTIAN MORGENSTERN (1871–1914)

89 *Der Engel*

Chr. M.: Sämtliche Dichtungen. Abt. 2: Nach dem Tode des Dichters erschienene Dichtungen. Bd. 12. Mensch Wanderer. Gedichte aus den Jahren 1887–1914. Basel: Zbinden, 1976.

EDUARD MÖRIKE (1804–1875)

109 *Zum neuen Jahr*

E. M.: Gedichte. Ausw. und Nachw. von Bernhard Zeller. Stuttgart: Reclam, 1967. (UB 7661.)

NOVALIS (d. i. Friedrich von Hardenberg; 1772–1801)

57 *Wenn in bangen trüben Stunden*

N.: Gedichte. Die Lehrlinge zu Sais. Hrsg. von Johannes Mahr. Stuttgart: Reclam, 1984. (UB 7991.)

RAINER MARIA RILKE (1875–1926)

23 *(1) Der Schutzengel*

61 *(2) Der Engel*

69 *(3) Gebet*

R. M. R.: Gedichte. Ausw. und Nachw. von Dietrich Bode. Stuttgart: Reclam, 2012. (UB 9623.) (1) Sämtliche Werke. Bd. 1: Gedichte. Erster Teil. Wiesbaden: Insel-Verlag, 1955. (2) (3)

FRIEDRICH RÜCKERT (1788–1866)

65 *(1) Mein Engelchen, mein Engelchen*

77 *(2) Die gefallenen Engel*

F. R.: Kindertodtenlieder aus seinem Nachlasse. Hrsg. von

Marie Rückert. Frankfurt a. M.: Sauerländer, 1872. (1)
Gesammelte Gedichte. Erlangen: Heyder, 1834. (2)

CARL JOHANN PHILIPP SPITTA (1801–1859)

41 *Geduld*

C. J. P. S.: Psalter und Harfe. Eine Sammlung christlicher Lieder zur häuslichen Erbauung. Dreizehnte Auflage. Leipzig: Friede, 1845.

KARL STRECKFUSS (1778–1844)

95 *Engels-Töne*

K. S.: Neuere Dichtungen. Halle a. d. S.: Schwetschke und Sohn, 1834.

THERESE VON LISIEUX (1873–1897)

27 *An meinen Schutzengel*

Die ehrwürdige Theresia vom Kinde Jesu: Geschichte einer Seele, von ihr selbst geschrieben. [Aus dem Französischen übers. von M. J. v. Waltendorf.] 4. Aufl. Kirnach-Villingen: Verlag der Waisenanstalt, 1922.

LUDWIG TIECK (1773–1853)

45 *Ich bin ein Engel, Menschenkind, das wisse*

L. T.: Gedichte. Teil 2. Faksimile-Druck nach der Ausgabe von 1821–23. Mit einem Nachw. von Gerhard Kluge. Heidelberg: Schneider, 1967.

VERZEICHNIS DER GEMÄLDE UND KÜNSTLER

GUSTAVE DORÉ (1832–1883)

90 *(1) The Raven*

110 *(2) Das Empyreum, der höchste Himmel (Illustration zu Dantes »Paradies«, 31. Gesang)*

Edgar Allan Poe: The Raven. Mit Ill. von Gustave Doré. New York: Harper, 1883. (1) Timewatch images / Alamy Stock Photos (2)

JEAN DUCAMPS, gen. Giovanni di Filippo del Campo (1600–1648)

34 *Allegorie der tugendhaften Liebe (Amor di virtù)*

Sammlung der Yale University Arts Gallery.

ANTONIO MARÍA ESQUIVEL (1806–1857)

60 *Erzengel Gabriel (Arcángel San Gabriel)*

Sammlung des Museo de Bellas Artes de Sevilla.

NICOLAS FROMENT (ca. 1435–ca. 1486)

86 *Linker Teil des Pérussis-Altars*

Sammlung des Metropolitan Museum of Art.

FRANCESCO GESSI (1588–1649)

100 *Der Schutzengel (L'Angelo custode)*

Inventario dei beni storici e artistici della diocesi di Bologna.

GIOTTO DI BONDONE (1267–1337)

46 *Die Geburt Christi (La Natività di Gesù; Ausschnitt)*

54 *Joachims Traum (Il Sogno di Gioacchino; Ausschnitt)*

Padova, Cappella degli Scrovegni.

VINCENT VAN GOGH (1853–1890)

78 *Halbfigur eines Engels*

Verbleib unbekannt.

FRANCISCO GOYA (1746–1828)

102 *Tobias und der Engel (Tobías y el ángel)*

Sammlung des Museo del Prado, Madrid.

MATTHIAS GRÜNEWALD (1470–1528)

108 *Engelskonzert*

Teil des Isenheimer Altars, heute im Museum Unterlinden, Colmar.

HILMA AF KLINT (1862-1944)

88 *Menschliche Keuschheit (Mänsklig kyskhet)*

Stiftelsen Hilma af Klints Verk, Stockholm.

VICENTE LÓPEZ PORTAÑA (1772-1850)

58 *Josefs Traum (Sueño de San José)*

Sammlung des Museo del Prado.

LORENZO LOTTO (1480-1556)

96 *Verkündigung (L'Annunciazione)*

Museo di Villa Colloredo Mels, Recanati.

EDGAR MAXENCE (1871-1954)

76 *Die Seele des Waldes (L'âme de la forêt)*

104 *Zwei Engel (Deux anges)*

WILLIAM MORRIS (1834-1896)

62 *Engel, der eine Sonne hält (Angel Holding a Sun)*

Sammlung des Museum of Fine Arts, Houston.

ODILON REDON (1840-1916)

68 *Gefallener Engel, zu einer Wolke blickend (Ange déchu regardant vers un nuage)*

Sammlung des Stedelijk Museum, Amsterdam.

GUIDO RENI (1575-1642)

26 *Anima Beata*

Sammlung der Musei Capitolini, Rom.

JOSHUA REYNOLDS (1723-1792)

98 *Köpfe von Engeln: Miss Frances Gordon (Heads of Angels: Miss Frances Gordon)*

Sammlung des Tate Art Museum, London.

DANTE GABRIEL ROSSETTI (1828-1882)

70 *Dantis Amor*

Sammlung des Tate Art Museum, London.

PHILIPP OTTO RUNGE (1777–1810)
30 *Der Morgen (erste Fassung)*
Kunsthalle Hamburg.

HUGO SIMBERG (1873–1917)
72 *Der verwundete Engel (Haavoittunut enkeli)*
Sammlung der Finish National Gallery, Helsinki.

ANNIE SWYNNERTON (1844–1933)
66 *Der Gesichtssinn (The Sense of Sight)*
Walker Art Gallery, Liverpool.

ABBOTT HANDERSON THAYER (1849–1921)
32 *(1) Stevenson-Denkmal (Stevenson Memorial)*
36 *(2) Der Engel der Dämmerung (Angel of the Dawn)*
Sammlung des Smithsonian American Art Museum, Washington. (1)
St. Anselm Abbey School, Washington. (2)

TIZIAN (Tiziano Vecellio, 1488–1576)
18 *Tobias und der Engel (L'arcangelo Raffaele e Tobiolo)*
Sammlung der Gallerie dell'Accademia, Venedig.

SIMON VOUET (1590–1649)
106 *Der Reichtum (La Richesse)*
Sammlung des Louvre, Paris.

BENJAMIN WEST (1738–1820)*(ODER: Tissot)
82 *Der Engel am Grabe Christi (The Angel at the Tomb of Christ)*
Sammlung des Brooklyn Museum.

Der Verlag Philipp Reclam jun. dankt für die Nachdruck- und Reproduktionsgenehmigung den Rechteinhabern, die durch den Quellennachweis und einen folgenden Genehmigungs- oder Copyrightvermerk bezeichnet sind. In einigen Fällen waren die Inhaber der Rechte nicht festzustellen; hier ist der Verlag bereit, nach Anforderung rechtmäßige Ansprüche abzugelten.

2019 Philipp Reclam jun. Verlag GmbH,
Siemensstraße 32, 71254 Ditzingen
Gestaltung: Keppler+Jung
Umschlagabbildung: Edward Burne-Jones: *An Angel Playing a Flageolet*
Druck und buchbinderische Verarbeitung: optimal media GmbH,
Glienholzweg 7, 17207 Röbel/Müritz
Printed in Germany 2019

ISBN 978-3-15-011231-1
www.reclam.de